組織と働き方の本質

迫る社会的要請に振り回されない視座

リンクアンドモチベーション代表取締役会長
小笹芳央

日本経済新聞出版

はじめに

現代は「ＶＵＣＡの時代」（Ｖ：Volatility＝変動性、Ｕ：Uncertainty＝不確実性、Ｃ：Complexity＝複雑性、Ａ：Ambiguity＝曖昧性）と言われて久しく、企業を取り巻く環境は目まぐるしく変化しています。そのような状況下で、経営やマネジメントや働き方などに関するバズワードが巷に数多く溢れるようになりました。「働き方改革」「パーパス経営」「人的資本経営」「ティール組織」「ジョブ型雇用」「ダイバーシティ」「女性活躍推進」「キャリアデザイン」「ワークライフバランス」「ウェルビーイング」「リスキリング」「スポットワーク」「副業・兼業」などなど。ここで挙げたのは昨今の社会的要請やバズワードのほんの一部にすぎません。

皆さんは、２０１７年に働き方改革を狙って始まった「プレミアムフライデー」（＝月末の金曜日は、15時に仕事を終えてノー残業デーに）というキャンペーンが、かつて世の中を賑わせたことを記憶しているでしょうか？

この「プレミアムフライデー」は、まったく浸透することなく早々に消えてしまいました。なぜなら、すべての業界で一律に月末の金曜日をノー残業デーにすることには無理があり、企業現場の実態を知らない経済産業省の官僚や政治家の安易な施策だったと言わざるを得ません。結局、得をしたのはキャンペーンを担当した大手広告代理店だけでした。

このように、「本質を見抜くことなく、表層的な流行に踊らされること」は、企業にとっても、働く個人にとっても、毒にこそなれ薬にはなりません。

私は上場企業の経営者であり、経営コンサルタントです。これまで、実に多くの経営者や管理職層や働く人々が、世の中のバズワードに惑わされ、右往左往している姿を嫌というほど目にしてきました。しかも明確な成果もなく。まさに「労多くして功少なし」といった状況です。先行き不透明な時代に向き合わなければならない不安感や他社に後れを取りたくないという意識が根っ子にあるのでしょう。

そうなってしまうのは、様々な事柄の「本質」を見抜いていないことが主な原因だと思います。

私自身は約40年間、主に組織人事の領域に身を置いてきました。リクルートでの勤務を経て、リンクアンドモチベーションを創業してからは、経営学、社会システム論、行動経済学、心理学などを下敷きに独自の組織変革技術「モチベーションエンジニアリング」を確立して、顧客企業の変革支援に努めています。

そのような経験から、昨今の様々なバズワードを取り入れる企業の姿勢には首をかしげたくなることが少なくありません。各企業は世の中の潮流に乗るためにバズワードに飛びつくのですが、いつの間にかその本質を見失い、「手段」が「目的化」してしまっているケースが多発しているからです。

このままでは、経営者や管理職層、働く人々が徒労感や無力感に襲われてしまうのではないかという憂いと、日本企業の国際競争力がさらに低下してしまうのではないかという危機感を抱くようになりました。私の過去の経験や現在の立場上、どうしてもこのまま世の風潮に対して沈黙していてはいけないという感情に突き動かされたのが、本書を執筆することになった理由です。

本書では、当社に蓄積されたデータや実際のコンサルティング事例、そして私自身の経験を通じて、昨今の社会的要請やバズワードの根源的な意味合い、つまりは「本質」に迫っていきます。

顧客企業との間で秘密保持契約を結んでいるため、本書で取り上げる実際の企業事例については具体的な社名を出せませんが、バズワードに対して、悪戦苦闘している実情をお伝えしたいと考え、いくつか紹介することにしました。

企業に寄せられる社会的な要請にどう向き合っていくべきか、労働市場の変化にどう適応していくべきか、どうすれば組織の変革ができるのか——。そのような悩みを抱いている経営層や管理職層、さらには自身のキャリアや働き方に悩んでいる一般社員の方々にも、本書を通じて解決の糸口を見つけていただければ私としても大きな喜びです。

それでは、一緒に社会的要請やバズワードの「本質」に迫る小旅行に出かけることにしましょう。

目次

第3章 個人の働き方の本質

第4章 組織変革の本質 ……… 147

第1章

会社・組織・マネジメントの本質

1 「会社」とは、いったいナニモノなのか

本章では、よく知っているようで、実は本質までは理解できていない「会社」「組織」「マネジメント」について、その本質を考えていきたいと思います。

なぜ会社は「法人」と呼ばれるのか？

会社の本質を知るために、そもそも会社が誕生したのは、いつ頃のことで、目的は何だったのか、ざっと歴史を振り返ってみましょう。

株式会社の元祖は「東インド会社」だと言われています。大航海時代と呼ばれる1600年前後、イギリスやオランダ、フランスなど、西欧諸国がアジア諸国と貿易を行う目的で、東インド会社は設立されました。

東インド会社という名前ではありますが、インドとの貿易だけでなく、インドより

東側全域、いまで言う東南アジアや東アジアの国々と貿易をするための組織だったのです。ですから、当時の日本との貿易も、「イギリス東インド会社」や「オランダ東インド会社」が担いました。

東インド会社は、アジア地域の貿易の独占権をそれぞれの国の国王や政府から特別に許可された会社であったため「特許会社」とも呼ばれました。

ただ、株式会社ではない「会社」は、もっと古くからあり、世界最古の会社は日本の会社だと言われています。

「えっ！」と驚かれたかもしれませんが、578年に聖徳太子の命を受け、神社仏閣を建設するために創業された「金剛組」が世界最古の会社であり、しかも、現在も存続しています。2025年で、実に創業1447年です。

会社の起源をさらにさかのぼると、紀元前の古代ローマ時代だという説もあります。

会社のことを「法人」と呼びますが、法人というのは、本来は「人」ではないものを、法律上は「人」として扱う仕組みです。ではなぜ、人ではない組織を、わざわざ人として扱う仕組みが必要だったのでしょうか。

法人の仕組みが作られた目的は、外部との契約関係を簡素化、安定化させることでした。

当時、都市や僧院、学校などは、領主（政府）と様々な契約を結んでいました。この契約が担当者個人と領主との契約であった場合、担当者が亡くなるたびに、契約を結び直す必要があります。それでは手間がかかるということで考え出されたのが「亡くなることのない人＝法人」という概念なのです。法人との契約であれば、担当者が亡くなっても契約を結び直す必要がありませんから。

「会社」は、人間の欲望をかなえるための発明品

法人という概念が生み出された頃の会社は、儲け（利益）を追求するような組織ではありませんでした。

会社は英語では「カンパニー（Company）」ですが、その語源はラテン語の「com（共に）」と「panis（パン）」に、仲間を表す「-y」がついたものだと言われ、「一緒に

パンを食べる仲間」という意味になります。日本で言えば「同じ釜の飯を食う仲間」でしょうか。これは会社が本来持っている共同体的なニュアンスをよく表していると思います。

こうした共同体的な性質が強かった会社が大きく変わり始めたのが、先ほど述べた東インド会社が誕生した頃です。

株式会社となったことで、投資のリターンを求める株主だけでなく、アジアから輸入してきた香辛料などの商品を売って儲けたい人、それらを買いたい人、会社で働いて定期的に給料をもらいたい人など、本当にたくさんの人たちの欲望が、会社を通して実現できるようになったのです。

様々な人たちが、それぞれの欲望のために会社を利用するようになり、会社の意味合いが少しずつ変わっていきました。

さて、私の個人的な経験の話に移ります。私は、大学卒業後に新卒で入社したリクルートで、長く新卒採用の仕事に携わりました。リクルートがまだそれほど有名ではなかった時代ですから、リクルートという会社がどういう会社なのか、その魅力は何か、私なりに考えて学生たちに説明しました。

先輩や同僚、後輩たちも、自分なりのリクルートを語っていました。その内容は十人十色で、「本当に同じリクルートという会社について語っているのか？」と思うほどでした。

自分が知っているリクルートという会社は、自分の感覚を通して見えている姿でしかなく、社員1人ひとりが各々の主観で会社を捉えていることを、この時痛感します。人によってこれだけ違った捉え方をされる「会社」とはいったいナニモノなのだろうか、という思いはその後も消えることなく、ことあるごとに考えを巡らせました。

そしてある時、こう気づいたのです。

「**会社というのは、いろんな人が自分なりの意味を投影する共同幻想体だ**」

「**いろいろな人たちの欲望を効果的に実現するために、人間が創った発明品だ**」

これが私なりの会社の根源的な定義となりました。会社というものを、様々な人が欲望を実現するために利用できる、観念としての「ヒト」なのだと考えると、いろいろな疑問や矛盾が消えていくように思えたのです。

そこで本書では、ここからは会社を擬人化して「カイシャ君」と呼びたいと思います。そのほうが親しみも湧き、より身近な存在として理解できるのではないかと考えたからです。

カイシャ君の基本的価値観は経済合理性＝「守銭奴」

人間の欲望が生み出したとも言えるカイシャ君ですが、世の中におけるカイシャ君の影響力は近年、ますます増大しています。

たとえば、日本の実質ＧＤＰ（国内総生産）は、約５６０兆円（２０２３年度）ですが、その約６割を占める個人消費において、モノやサービスの供給源となっているのは会社です。また、世界中で土地の所有は個人から法人へ集中していると言われています。

そして、会社には、膨大な数の働く人たちがいます。労働者を受け入れる仕組みとして、会社が社会になくてはならない存在になっていることは間違いありません。

私たちは、消費者として、また労働者として、あるいは投資家として、会社と深い繋がりを持って生きています。「衣食住」「遊学働」は、いまや会社抜きには考えられないでしょう。会社と断絶しては生活ができないほど、会社の恩恵を受けているのが私たち現代人です。

人間が自分たちの欲望を満たすために作り上げたカイシャ君という存在は、知らず知らずのうちに、驚くほど社会に大きな影響を及ぼす巨大な存在になっていたのです。

そんなカイシャ君ですが、先に述べたように、そもそもたくさんの人たちの欲望を実現する装置として生まれています。このため、基本的には、**それぞれの欲望を実現する「経済合理性」を中心軸**に動くことになります。

つまり、欲望を満たさないことに対して、カイシャ君は興味を持ちません。もっとはっきりと言えば、「儲からないことはやらないし、やるべきではない」という経済合理性が基本的な価値観になるわけです。

経済合理性だけで動き、欲望を満たすこと以外はやらず、儲けしか考えないカイシャ君。

その一方で、社会には多種多様な価値観が混在し、経済合理性だけで社会が動いているわけではありません。ですから、カイシャ君と社会との間で激しい衝突が起きることがあります。

会社と社会は、逆さまの関係にあります。「会社」という文字を逆立ちさせると「社会」になるのは偶然ではないとさえ思えてきます。

会社は経済合理性を最も重視しますが、社会には家族愛や友人愛、奉仕の精神など、いろいろな価値観があり、どれを重視するかは人によってそれぞれ違います。そんな社会に、経済合理性しか考えない会社が誕生したらどうなるか。軋轢が生じるのは火を見るよりも明らかでしょう。

たとえば、カイシャ君があなたの住む町内に引っ越してきたとしたら、あなたはどう感じるでしょうか。カイシャ君が常に考えているのは金儲けです。自分が儲かることしかやらないし、儲からないことは全部他人任せ。町内会にも参加せず、私たちに対して協力的な態度はまったく見せません。

こんな守銭奴のような人と友達になりたい人はいないでしょう。おそらく、多くの人々は「できるだけ関わりたくない」と思うのではないでしょうか。

しかし、カイシャ君の影響力が日に日に増しているため、関わらないわけにはいかない。結果、普通に暮らしている人たちとカイシャ君は様々な衝突を起こすようになります。

カイシャ君は「不祥事を起こす」宿命を負う

経済合理性だけで動くカイシャ君は、必ずしも経済合理性で動くわけではない社会との間で、摩擦やトラブルを引き起こします。極論すれば、**カイシャ君は不祥事を起こす宿命を負っている**と言っても過言ではないのです。

会社が何を目指すのかと言えば、売上や利益の増大、原価の削減、経費の圧縮などなど。こうしたことを実現する重圧の中で存在しているのがカイシャ君です。

こうした重圧に負け、社会における道から足を踏み外した時、事件や不祥事が起きます。

次に挙げるのは、近年の日本における企業不祥事のほんの一部です。なお、実際に不正があった年ではなく、特に話題になった年を示しています。

2021年：三菱電機＝不適切な検査が1980年代から30年以上継続
2023年：関西電力、中国電力、中部電力、九州電力＝価格カルテル
2023年：ダイハツ工業＝認証試験不正
2023年：旧ビッグモーター＝保険金不正請求
2023年：損害保険ジャパン＝旧ビッグモーターの不正見逃し
2023年：近畿日本ツーリスト＝コロナ関連事業で過大請求
2024年：SBI証券＝新規株式公開（IPO）する企業の株価操作
2024年：トヨタ自動車、ホンダ、マツダ、スズキ、ヤマハ発動機＝認証試験不正
2024年：三菱UFJフィナンシャル・グループ＝顧客の重要情報の無断共有
2024年：川崎重工業＝架空取引による裏金で海上自衛隊に金品提供

このように企業不祥事が頻繁に起きており、不正発覚のニュースは後を絶ちません。組織に属した経験のある人ならば、こうした企業不祥事のニュースに触れた際、「明日は我が身」「まったくの他人事とは思えない」などと考えてしまう人も少なくないのではないでしょうか。

実際、不祥事を起こした企業の担当者が悪人かと言えば、そんなことはありません。いたって普通の企業人でしょう。

不祥事を起こした企業に対して、「何をバカなことをやっているんだ!」などと声を荒らげるのは簡単なことです。しかし、会社には経済合理性を追い求めるという「性質」がある以上、よほど厳密な法令遵守意識がないと、法律のグレーゾーンに足を踏み入れてしまうリスクが常にあるのです。

企業人であれば、このことをしっかりと認識したうえで、常に意識しておくことが重要なのではないでしょうか。

企業において、経済合理性だけで長く活動していると、経済合理性以外の他の価値観がどんどんと薄れていきます。「これはおかしいのではないか」「もしかしたらアウトじゃないか」と感じつつも、空気を読んで誰も何も言わない。これが続くと、次第にそれが企業の体質になっていきます。

こうした企業体質がさらに進むと、「おかしい」と感じることすらできなくなり、社内独自の集団的規範が生まれ、社会とは相容れない暗黙の企業文化が形成されてしまいます。

不祥事を引き起こすのは、こうした会社に蔓延する空気や、組織の体質なのです。守銭奴であるカイシャ君は、そもそも問題を起こすリスクを常に抱えています。なぜなら、**会社の本質は、多種多様な人たちの欲望を実現するために、経済合理性を何よりも重んじる**ところにあるからです。このことを、会社に関わる私たちは、しっかりと理解しておく必要があるのです。

さて、あなたの会社はどうでしょうか？
法律や社会規範に照らして「一点の曇りもない会社」と自信を持って言えるでしょうか？　いまいちど自己点検することをお勧めします。

2 「組織」の成立要件と存続要件

組織の3つの成立要件：「共通の目的」「協働意思」「コミュニケーション」

次に、組織の本質を探っていきましょう。

まず、「組織とは何か、簡単に説明してください」と言われたら、できるでしょうか。こうした言葉の定義を改めて問われると、答えに窮してしまうのではないでしょうか。

では、「組織と集団の違いは何ですか」と聞かれたら、どうでしょう。今度は少し答えられるのではないでしょうか。

私は、組織と集団の違いを説明する時、電車の駅のホームに並ぶ人々の話をします。

駅のホームで電車を待っている人たちは、集団です。

一方、誰かがホームから線路に落ちてしまい、その人を救おうとする人たちは、その瞬間に組織になります。

つまり**人が集まっているだけなら集団で、ある要件を満たしたら組織になる**ということです。

私が考える組織の成立要件は、「共通の目的」「協働意思」「コミュニケーション」の3つです。これは、チェスター・バーナード著の『新訳　経営者の役割』（ダイヤモンド社、1968年）を参考にしています。バーナードは「近代組織論の父」とも呼ばれるアメリカの経営学者で、AT&Tやニュージャージー・ベル電話会社の経営者を務めた実務家でもあります。

駅のホームで電車が来るのを待っている人たちには、電車に乗って移動するという同じ目的はありますが、一緒に何かをやる協働意思や、互いに話すコミュニケーションはありません。

一方、駅のホームから線路に落ちた人を救おうとする人たちには、その人を救助しようという共通の目的があり、そのために協働する意思があり、目的と協働のために互いに話すコミュニケーションが自然と生まれます。これらがなければ、線路に落ち

図表1 組織の成立要件

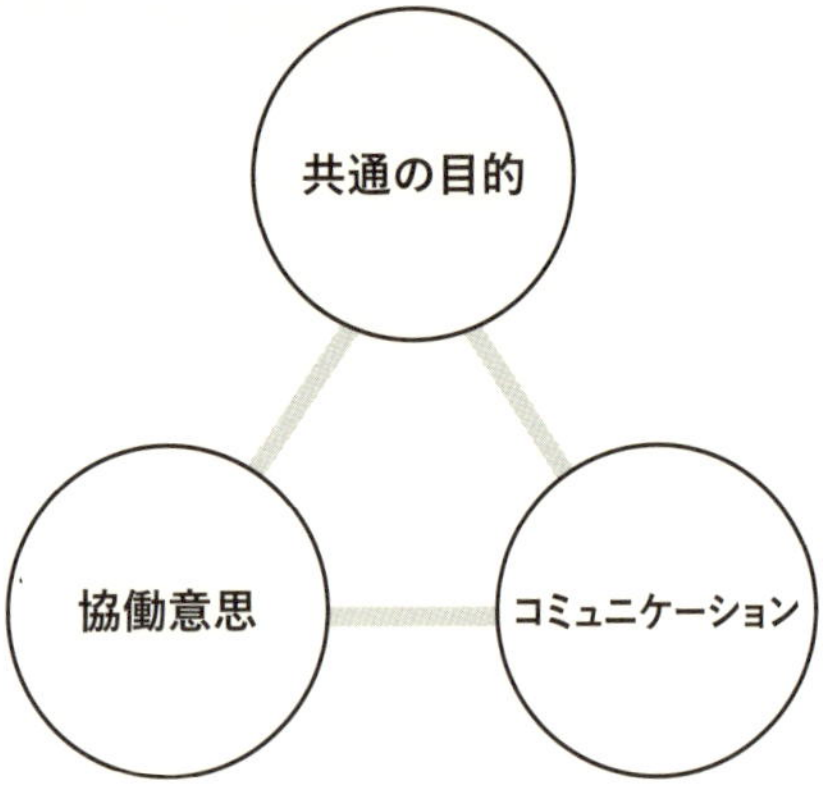

出所：筆者作成

た人を救うことはできないでしょう。

共通の目的、協働意思、コミュニケーションのどれか1つが欠けても、組織は成立しません。1人では達成し得ないこと（共通の目的）を、複数人が集まって、協働意思とコミュニケーションを駆使して実現するのが組織です。

ですから、ホームから落ちた人を救おうとする組織があるように、組織は恒久的なものではなく、一時的なものです。

共通の目的がなくなれば、組織ではなくなります。協働意思、つまりみんなで協力して目的を実現しようとする個々人のモチベーションがなければ組織ではなくなります。コミュニケーションが必要十分なだけ行われていなければ組織ではなくなります。

さて、あなたが所属している企業や団体は、組織だと言えるでしょうか？　組織として機能しているでしょうか？

多くの社員が「企業や団体に所属している」ことと、多くの社員が「組織として機能している」ことは、まったく異なるものなのです。

さて、あなたの会社は共通の目的（パーパスやミッションやビジョンなど）が共有されているでしょうか？

目的の実現に向けた協働意思やモチベーションが不足してはいないでしょうか？

組織内の上下左右のコミュニケーションが閉塞していないでしょうか？

組織として機能するためには、これらを常に注視、点検する必要があります。

組織の2つの存続要件：「組織成果」と「個人の欲求充足」

組織は一時的なものであるため、存続させるためには、「組織成果」と「個人の欲求充足」という2つの存続要件が欠かせません。

組織成果を出していても、個人の欲求が満たされなければ、組織は継続できません。逆に、個人の欲求が満たされていても、組織成果が出ていなければ、組織は継続できません。

「組織成果」と「個人の欲求充足」は、組織が存続する、組織が活動を継続的に行うための両輪なのです。しかし、「組織成果」と「個人の欲求充足」は、重なることもあれば、相反することもあります。

では、「組織成果」と「個人の欲求充足」という両輪について、どのように目配りをし、バランスを取ればよいのでしょうか。

私は、**「One for All, All for One」の実現こそが、組織が追求すべき普遍的なテーマである**と考えています。このことはもう何十年も言い続けているので、私の過去

図表2 組織の存続要件

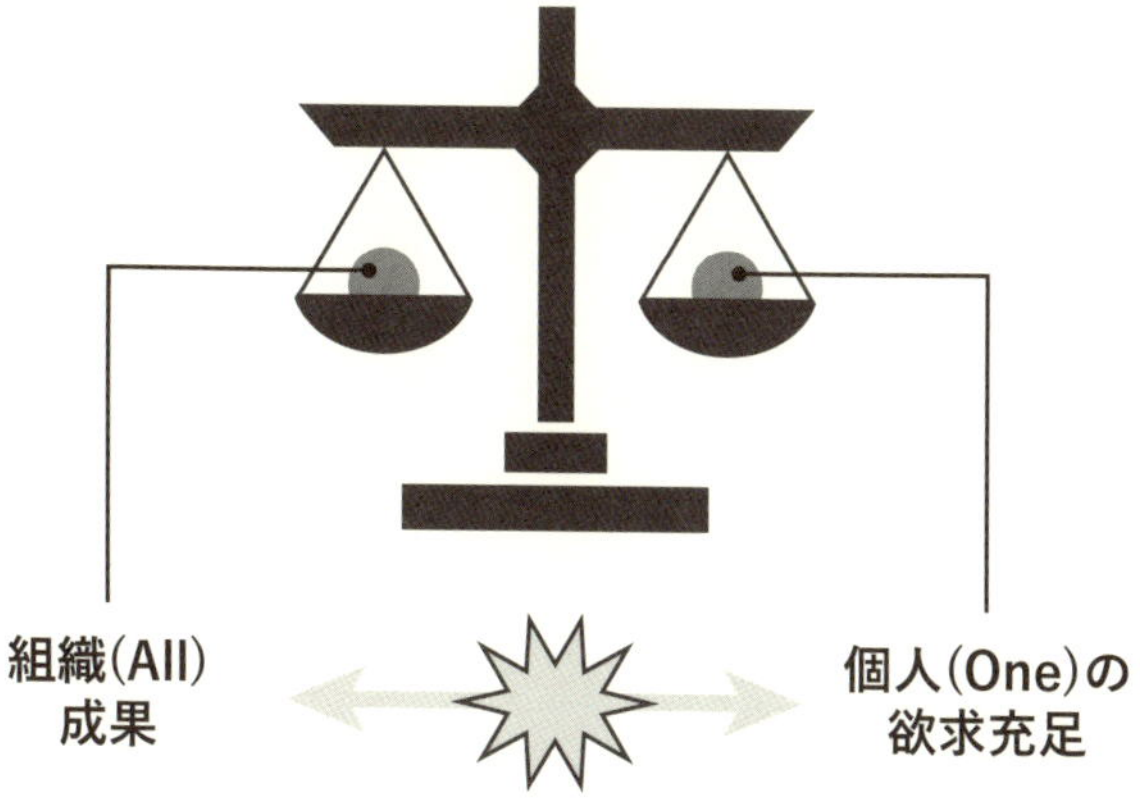

出所：筆者作成

の著作を読まれたことがある人の中には、「またか」と思われる方もいるかもしれません。

「One for All, All for One」を日本語に訳せば、「個人は組織のために、組織は個人のために」となります。

組織のために、組織の成果を最大化しようとすれば、個人が疲弊してしまいます。逆に、個人の意向に寄り添いすぎれば、組織の成果は乏しくなってしまいます。

だから、「One for All, All for One」は実現が難しく、組織として追求すべき普遍的なテーマなのです。

個人は「完全合理的な経済人」ではなく「限定合理的な感情人」

個人＝「Ｏｎｅ」が、「限定合理的な感情人である」とはどういうことか、簡単に述べておきましょう。かつての経済学では、人間は「完全合理的な経済人」だと考えられてきました。

物事を常に合理的に考え、経済的な利得を少しでも多く得ようと、判断し、そして行動するのが、「完全合理的な経済人」です。

しかし、今世紀になって注目を集めている「行動経済学」では、人間は「限定合理的」であり、ある程度の合理性は持つものの、最終的には「感情」で判断や行動が大きく左右される生き物だとされます。

たとえば、誰かの仕事を手伝って、「ありがとう。助かったよ」と感謝されたり、「あなたが手伝ってくれなかったら、この仕事は完了しなかったよ」などと言われたりするほうが、その対価として１０００円もらうよりも嬉しいことがあるのです。もちろん、人によって、時と場合によっては、１０００円もらうほうが嬉しいこともある

図表3 感情人としての人間

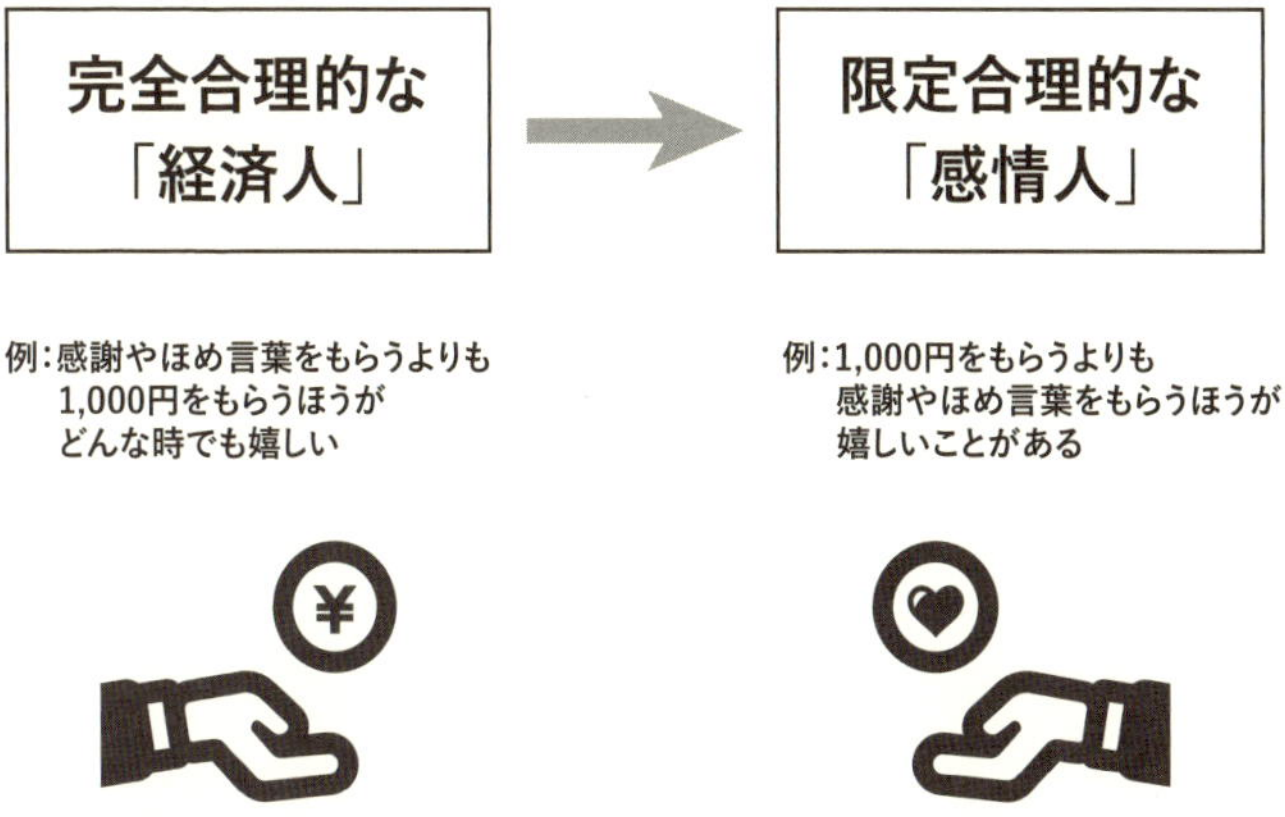
完全合理的な
「経済人」
限定合理的な
「感情人」
例：感謝やほめ言葉をもらうよりも
1,000円をもらうほうが
どんな時でも嬉しい
例：1,000円をもらうよりも
感謝やほめ言葉をもらうほうが
嬉しいことがある
¥

出所：筆者作成

でしょう。だから「限定合理的」なのです。

自らの過去の行動を振り返ってみても、経済合理性よりも、その時の感情を大事にした意思決定をしたことが何度もあるのではないでしょうか。

行動経済学では、「限定合理的な感情人」であるという人間観を前提に、現在も研究が進められています。私たちも、こうした刷新された人間観を前提に、物事を考えることが大切になります。

組織は「要素還元できない協働システム」

「A11」は組織のことであり、「要素還元できない協働システム」です。これについても、簡潔に説明します。

たとえば、5人のチームを構成員に分解すれば、Aさん、Bさん、Cさん、Dさん、Eさんがいる「5人」のチームとなります。

しかし、組織を「協働システム」であると考える場合は、チームの人数ではなく「チーム内の関係性の数」に着目します。Aさん、Bさん、というように組織の構成要素である「個人」に注目するのではなく、「AさんとBさん」「BさんとCさん」などの「関係」に注目するのです。

つまり、要素としての「個人が5人いるチーム」と見るのではなく、「5人の関係性が10本あるチーム」（5人×4人÷2）と見るのが、「要素還元できない協働システム」の意味するところです。

5人の関係性は10本ですが、このチームの人数があと5人増えて10人になると関係

図表4 システムとしての組織

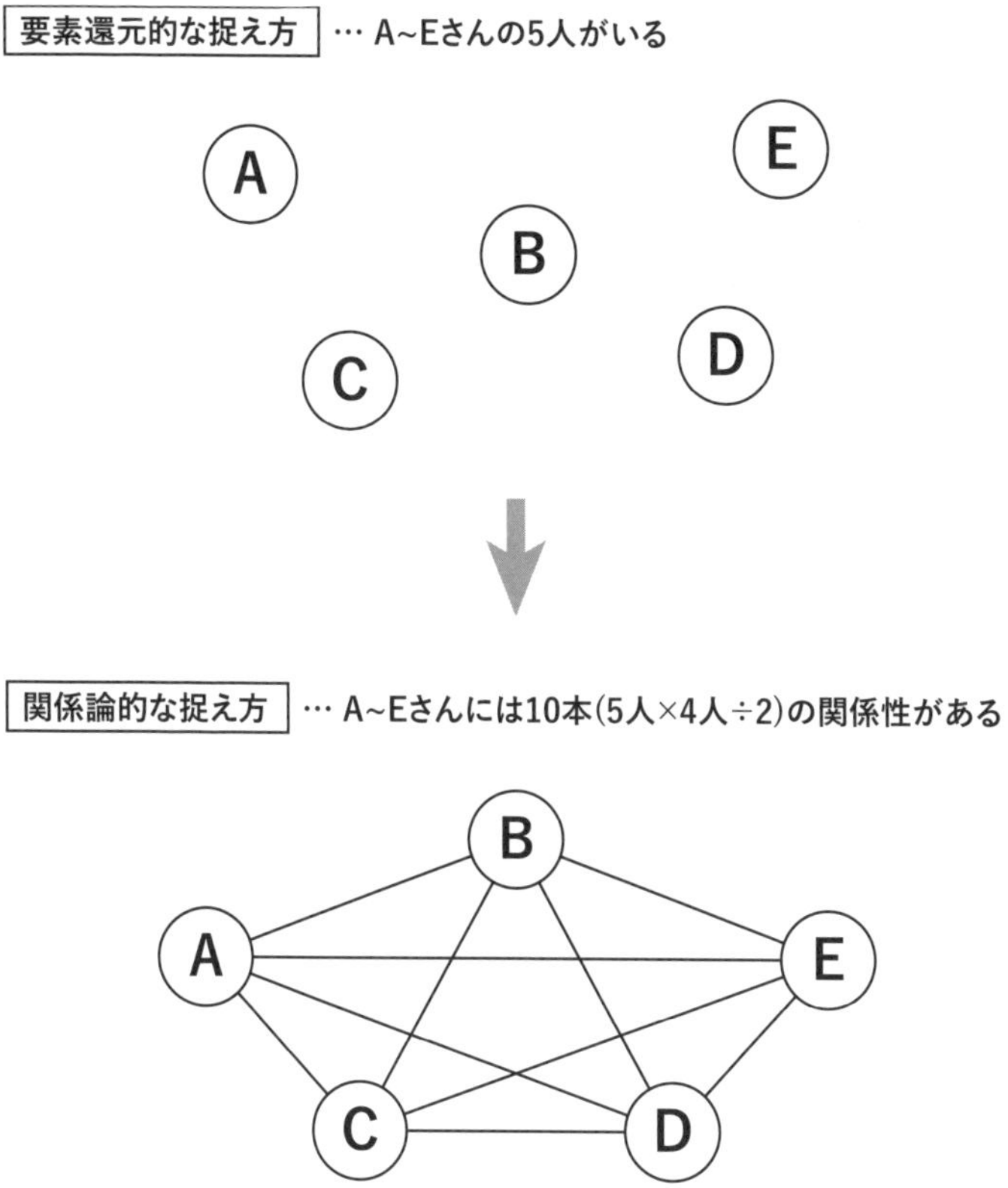

出所：筆者作成

性の数は、10人×9人÷2＝45本になります。

一般的には、「5人だったチームが10人になり、2倍の人数になった」と捉えますが、協働システムの見方では、「10本の関係性だったチームが45本の関係性のチームになり、4・5倍の関係性に膨れ上がった」と捉えます。

チームとしてのコミュニケーションや意思疎通や合意形成が、2倍ではなく4・5倍難しくなった、あるいは複雑性が増したと考えるのです。

ですから、組織という協働システムを論じるうえでは、いかに関係性、複雑性を縮減するかが重要なテーマになります。

組織の問題は「人」ではなく「間」に生じる

ではなぜ、組織を要素還元できない協働システムと見る必要があるのでしょうか。

組織の問題の多くは、要素還元的に「Aさんが悪い」「Bさんが問題」などと、個人に問題の原因を求めてもなかなか話が進みません。なぜなら、問題の根源だと指摘された本人には自己防衛の心理が働き、問題そのものの存在を簡単には認めようとしないからです。「自分は悪くない」「自分なりに頑張っている」「なぜ分かってくれないのか」という具合にです。ところが、「組織の問題は、『人』ではなく『間』に生じる」という見方をすると、話が前進します。

「あなたの会社は営業責任者が悪いですね」「技術責任者に問題がありますね」と言うよりも、「あなたの会社は、営業部門と技術部門の間に問題がありますね」と指摘するほうが、営業責任者も技術責任者も「たしかに、改善の余地はあるなぁ」と問題の存在を認めやすくなります。このような関係論的、システム論的な見方は非常に有効です。

他にも、多店舗展開を行っている企業で本社と各店舗の間で問題がある場合もあれば、階層として、トップとミドルの間や、ミドルと現場の間に問題がある場合もあります。いずれも「間」にコミュニケーション不全が生じて不具合が起きるのです。

このように、問題の原因が個人（＝要素）にあるのではなく「間」にあると捉えると、組織の問題の見え方が大きく変わってきます。そもそも「人間」という字は「人」

の「間」と書くのですから。

実際に私の顧客企業でも「問題は間にある」という見方＝メガネをかけたことで、いろいろな組織問題を発見し解決できた例が数えきれないほどあります。

そして、組織の問題の多くが「間」で生じるのだとしたら、その「間」は少ないほうがいい。

先ほどの組織の関係性の本数が少ないほど、意思疎通や合意形成の難度は下がり、それゆえに問題も起こりにくくなるのです。

では、どうすれば組織の関係性の本数を減らすことができるのでしょうか。

組織の問題解決のカギは「複雑性の縮減」

たとえば、100人の組織では、100人×99人÷2＝4950本の関係性があります。このままでは関係性が多すぎるため、あらゆるところで情報伝達が滞ってコミュニケーションが断絶し、いたるところで問題が起きることは、火を見るよりも明らかです。

では、どうすればいいのでしょう。たとえば、100人の組織を10人ずつ10チームに分ける。そして各チームに1人ずつリーダーを置き、それらのリーダー10人が集うリーダー会という階層をつくったらどうなるでしょう。

まず10人のチームは、10人×9人÷2=45本の関係性のチームとなり、それが10チームあるので、45本×10チーム=450本となります。

それとは別にリーダー会という上位のチームがあり、こちらも10人×9人÷2=45本の関係性のチームとなります。関係性の数は450本+45本=495本となります。

同じ100人の組織でも、フラットな組織なら関係性が4950本となるのに対し、10チームに分ければ関係性は495本になります。関係性の数は、実に「10分の1」に縮減されるのです。

組織の関係性、複雑性を縮減するためには、このような「分化」が有効であり、だから、多くの組織は、「機能分化」や「階層分化」を行うのです。

ここまで探ってきた組織の本質をまとめてみましょう。

組織は集団とは異なり、「共通の目的」「協働意思」「コミュニケーション」の3つが、その成立要件となります。

組織を動かす両輪は、「組織成果」と「個人の欲求充足」であり、どちらが欠けても、組織は存続できません。ですから、「One for All, All for One」の実現こそが、組織が追求すべき普遍的なテーマとなります。

そして、組織を考える時に注目すべきは、要素としての個人ではなく、個と個、チームとチーム、階層と階層、機能と機能などの「間」です。

組織の人数が増えれば「間」の数も増えます。組織の問題の多くは「間」で起きます。いかに上手く「分化」して「間」の数を減らすか。**組織の問題を解決するカギはこうした「分化」による「複雑性の縮減」にあります。**

いかがでしょうか。組織の本質が少し見えてきたのではないでしょうか。ぜひ、組織の問題は「人」ではなく「間」に生じるという新しいメガネをかけて、自社の組織

図表5 複雑性の縮減

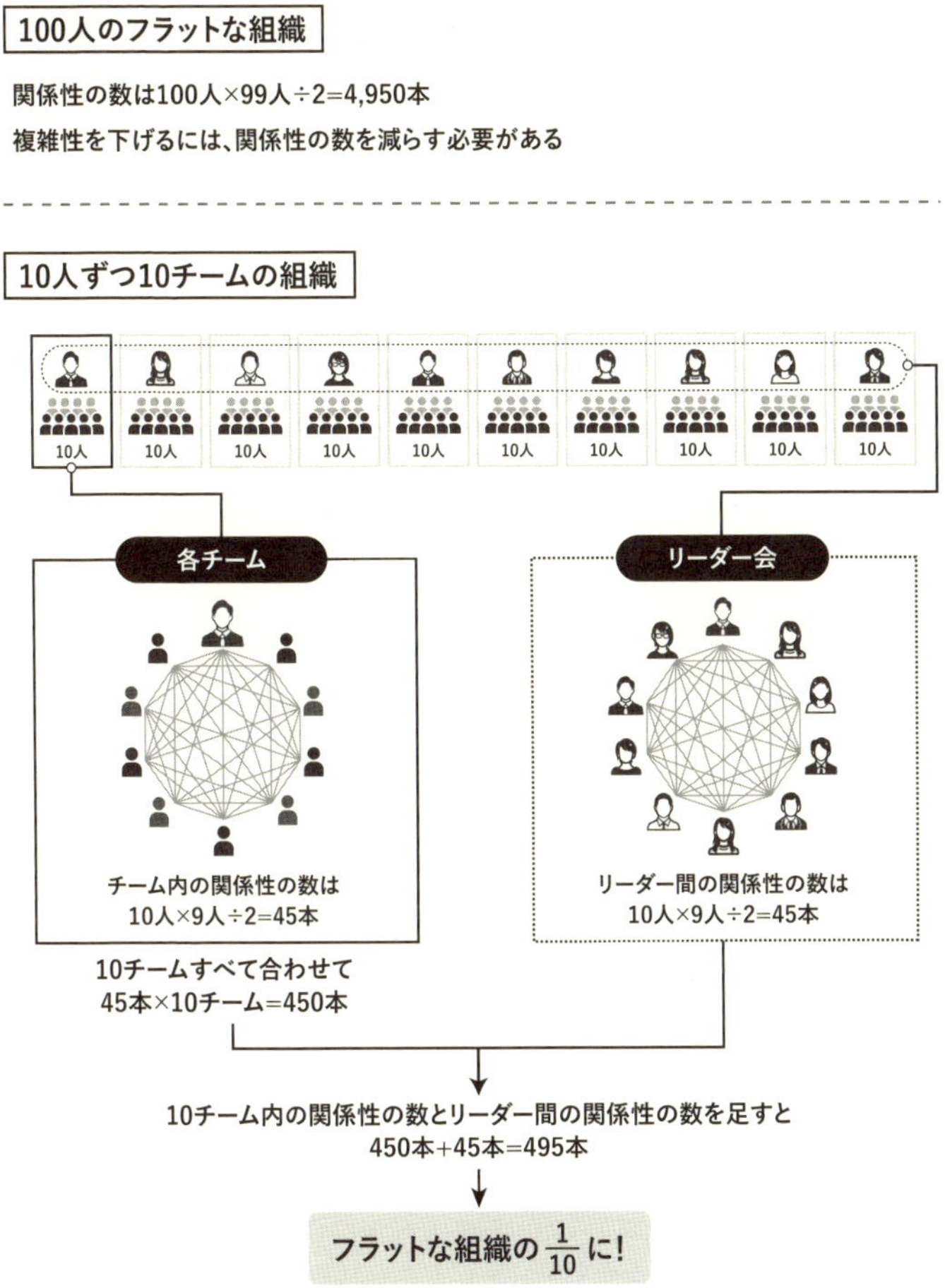

出所:筆者作成

を見つめ直すことをお勧めします。なぜなら、そのメガネによって、より迅速に問題を発見できるようになり、効果的な解決策も見えてくるからです。

さて、あなたが所属する会社や組織では、どことどこの「間」に問題がありますか？

あるいは、今後、どことどこの「間」に問題が起こりそうですか？

3 「マネジメント」の本質的な役割

マネジャーはコミュニケーションの「結節点」

会社の本質、そして組織の本質に続いて、マネジメントの本質に迫っていきたいと思います。

前節で述べたように、組織が大きくなれば、何らかの分化によって複雑性を縮減することが避けられません。

ですから、階層分化を行わない「フラット型組織」や「ネットワーク型組織」などの「自律分散型組織」が機能するのは、多くて20〜30人までの組織である、というのが私の持論です。これについては第4章で詳しく述べたいと思います。

ここでは、機能分化や階層分化など、分化されたグループやチームのマネジメントの本質について見ていきましょう。なお、マネジメントを行う人ということで、マネジャーという表現を使いますが、マネジャーにはチームのリーダーも含みます。

まずは、2つの視点で考えます。1つ目の「マクロ（＝組織全体）の視点」では、マネジャーには組織の複雑性を縮減する結節点としての役割があります。2つ目の「ミクロ（＝管轄グループ）の視点」では、職場のトップとしての役割があります。

図表6のように、組織はいくつものグループ（大小の三角形＝ピラミッド）で形成されています。マクロ（組織全体）の視点では、これら三角形と三角形を結ぶ結節点にいるのが、マネジャーです。

ですから、マネジャーには、下位の三角形に上位の方針や意思をかみ砕いて伝えることや下位の三角形の状況を分かりやすく上位の三角形に報告する役割があります。また、左右の三角形のマネジャーと情報交換をしたり、連携を働きかけたりといった役割もあります

また、組織外のお客様や取引先企業、パートナー企業などに対して、グループの代表としてコミュニケーションを取る役割もあります。つまり「上下」「左右」「内外」のコミュニケーションの結節点の役割です。

次に、ミクロ（管轄グループ）の視点では、自分が管轄する三角形内部のメンバーに対して、グループの「組織成果」とメンバーの「欲求充足」の両輪を成立させるために、コミュニケーションを取るのもマネジャーの役割です。

これだけでも、マネジャーがいかに重要な役割を担う存在かが分かるでしょう。

一時期、「マネジャー不要論」や「中間管理職不要論」が流行りましたが、組織の本質、マネジメントの本質から言えば、重要な結節点を失うことは、組織の衰退や崩壊に繋がってしまうと私は考えます。

図表6 「マネジャー」はコミュニケーションの「結節点」

マクロ(=組織全体)の視点

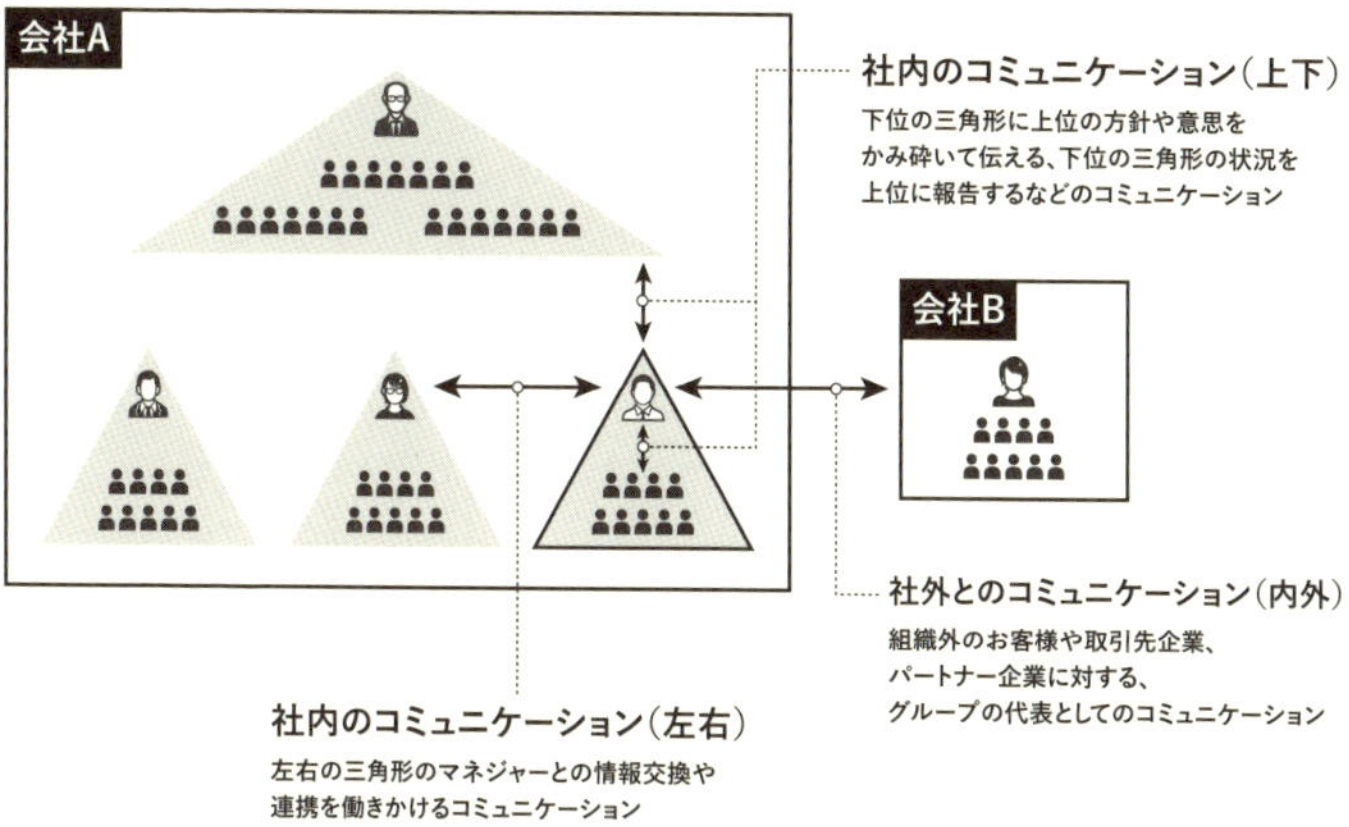
会社A
社内のコミュニケーション(上下)
下位の三角形に上位の方針や意思を
かみ砕いて伝える、下位の三角形の状況を
上位に報告するなどのコミュニケーション
会社B
社外とのコミュニケーション(内外)
組織外のお客様や取引先企業、
パートナー企業に対する、
グループの代表としてのコミュニケーション
社内のコミュニケーション(左右)
左右の三角形のマネジャーとの情報交換や
連携を働きかけるコミュニケーション

ミクロ(=管轄グループ)の視点

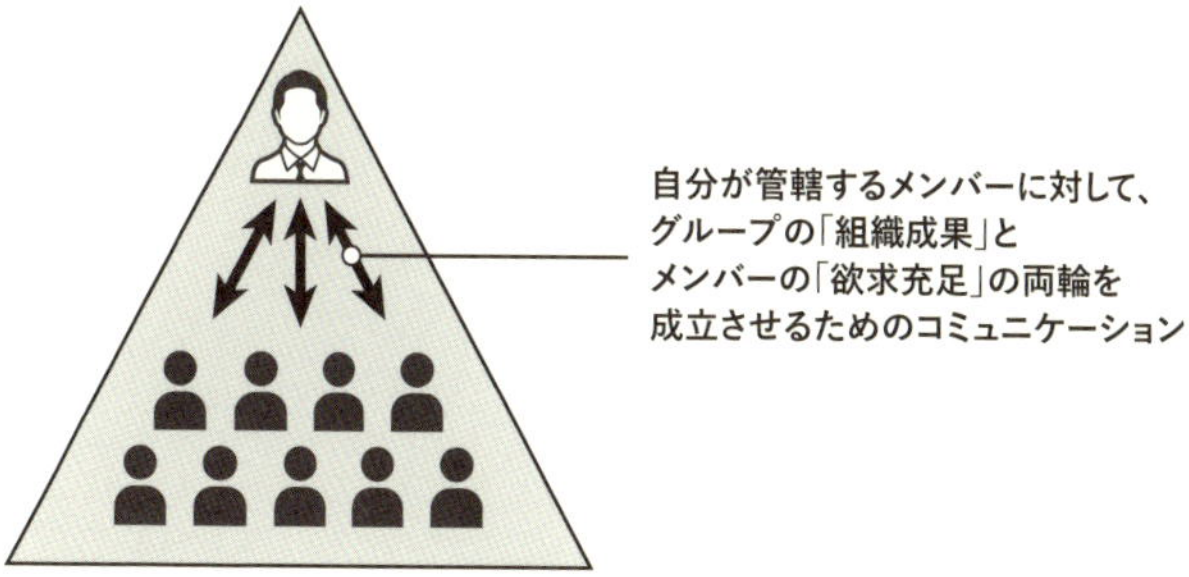
自分が管轄するメンバーに対して、
グループの「組織成果」と
メンバーの「欲求充足」の両輪を
成立させるためのコミュニケーション

出所：筆者作成

実例として、私の知人が代表を務める東証プライム市場のＩＴ企業（社員数約１２００人）では、ある時期、管理職を廃して組織をフラットにしたことがあります。その結果、組織は大混乱に陥り、業績も大打撃を受けてしまいました。その知人は「マネジャーを再度配置したことで組織が復活できた。二度とマネジャー職を廃することはしない」とメディアに語っていました。

マネジャーはそれほどに重責を担う、組織に欠かせない存在であり、「One for All, All for One」の実現のためにも絶対に必要な存在であることに疑う余地はありません。

マネジャーが身につけるべき5つの「影響力の源泉」

このようにマネジャーの役割は多岐にわたりますが、第一には、管轄グループの「組織成果」と「個人の欲求充足」の両立を図ることです。この両立に向けては、どうしてもマネジャー自らがメンバーに対して影響力を発揮しなければなりません。

では、「影響力の源泉」について考えてみましょう。それは次の５つです。

・**影響力の源泉①：「専門性」**

私たちは、一定の分野の専門家の助言や指導については、素直に聞き入れる傾向があります。例を挙げると、プロゴルファーにゴルフのスイングを教えてもらう際、たとえ年下であってもその人のアドバイスに反論する人はほとんどいないでしょう。

人は、ある分野に精通（知識・技術・経験）した人物から影響を受け、その人物の指示を受け入れて自らの思考や行動を変えるのです。

・**影響力の源泉②：「魅了性」**

私たちは、人間的に魅力のある人物からの指示や要望については、比較的容易に受け入れる傾向があります。心理学によると人間的魅力を形成する要因は、「身体的魅力」（＝見た目が好印象である）、「態度の類似性」（＝趣味や考え方が似ている）、「自分へのポジティブな評価」（＝自分を評価してくれる）、「空間的近接」（＝頻繁に会うなど物理的な距離が近い）などがあります。

一流のマネジャーは、自らの専門性だけでなく魅了性に磨きをかけることに労力を惜しみません。

・影響力の源泉③：「返報性」

私たちは、恩義を感じている人物に対して、どうにかしてその人物に報いたいという心情を抱きます。いわゆる「恩返しをしたい」「要望に応えたい」といった心理のことです。多くの人が抱く「親孝行をしたい」という気持ちも、両親に対する返報性（ありがたさ）の心理がその根底にあるのではないでしょうか。

人は、自分が恩義を感じている相手を受け入れ、その相手に貢献したいと考えます。

・影響力の源泉④：「一貫性」

私たちは、誰に対しても同じ態度を貫く人物に大きな影響を受けます。常に同じことを繰り返し言い続け、どんな時でも判断軸が変わらない言行一致の人物は、強く人を惹きつけ、影響を与えます。

私たちの多くは、そういう人物に自分自身の言動を同化させていく傾向があります。

・影響力の源泉⑤：「厳格性」

私たちは、恐れ（恐怖心）や畏れ（畏怖心）を抱いている人物には、素直に従う傾向があります。これは、恐怖政治を意味するのではなく、信賞必罰を迷いなく実行できる「厳しさ」と捉えたほうがよいでしょう。

一流のマネジャーは、自分に対しても、周囲の人に対しても一定の厳しさを持ち続け、メンバーに影響を及ぼします。

これら5つの影響力の源泉を最初から身につけているマネジャーはいません。

私自身は、リーダーになりたての頃は、メンバー時代に身につけた専門性という影響力の源泉を使いながら、チームを牽引しました。

しかし、メンバーが30人を超える部長職に就いた時、新たな影響力の源泉を身につける必要性に迫られ、一貫性や厳格性を強く打ち出すようになりました。

もちろん、すぐにマネジャーとして大きな影響力を発揮できるはずもなく、何年もかけて少しずつ影響力の源泉を身につけていったことが思い出されます。

さて、あなたはこれら5つの影響力の源泉のうち、どれを、いくつ、持っていますか？

あるいは、今後どの影響力の源泉を身につけるべき、また、身につけたいと考えますか？

ぜひ一度、自問自答してみてください。

大事なのは「感情報酬」を配ること

人間は「限定合理的な感情人」であるという前提に立つと、メンバーを動かすための報酬についても考える必要があります。

メンバーのモチベーション（＝協働意思）を高めるために、リーダーが与えることができる報酬には、「金銭報酬」に加えて、もう1つあります。

それが、「感情報酬」です。給料や賞与やインセンティブといった「金銭報酬」はもちろん最重要ですが、報酬資金が限定されている場合には、誰かの給料を増やせば、誰かの給料を減らすというゼロサムゲーム（パイの取り合い）の側面があります。

一方、「感情報酬」には、原資の制限がありません。その原資を無尽蔵に生み出すことができるからです。

だからこそ、この「感情報酬」をいかに効果的に創り出せるかが、マネジャーには問われます。

・承認欲求：ほめられたい、成果を認められたい
・貢献欲求：感謝されたい、他者の力になりたい
・親和欲求：良好なチームワークや仲間意識を持ちたい
・成長欲求：仕事を通して成長したい

メンバーのこうした欲求を、マネジャーが満たすことが、「感情報酬」となります。
また現在の20代、30代は、「金銭報酬」と同じぐらい「感情報酬」を求める傾向があるようです。

実際にある大手IT系企業は、約15％ものベースアップを実施したにもかかわらず、主に若手社員の離職が止まらない事態に陥ってしまいました。

よくよく話を聞いてみると、社員からは「自分の仕事が会社や上司に認められている実感がない」「自分の仕事が誰の何の役に立っているのか分からない」「個々人が分断されていて、組織としての一体感を持てない」「自分の成長が実感できないので不安」など、「感情報酬」の欠如が離職の止まらない原因だったようです。

このことから、**メンバーのモチベーションを上げる「感情報酬」をいかに上手く提供できるかが、マネジャーの力量を左右する**と言っても過言ではありません。

マネジャーが必ず直面する3つの「葛藤」

感情報酬は、マネジメントにおいては例外とも言える「無制限に生み出せるリソース」ですが、それ以外のリソースは、時間にしても、人にしても、資金にしても限定されます。

こうした有限なリソースは、使い方を間違えると組織成果を生み出すことができません。有限だからこその難しさがあり、限られたリソースをどう使うか、葛藤が生まれるのです。

では、マネジャーが直面する葛藤には、どのようなものがあるでしょうか。

ここでは、マネジャーが必ずと言っていいほど直面する3つの葛藤を紹介します。

・葛藤①「効率 vs. 能率」

マネジャーが目指すのは、「組織成果」と「個人の欲求充足」の同時実現です。

ただ、組織成果を求めて「効率」だけを重視すると、人と組織が疲弊します。一方、個々人の欲求充足を求めて「能率」に配慮しすぎると、効率の低下を招いてしまいます。

「効率」と「能率」の違いは、こちらもチェスター・バーナード著の『新訳　経営者の役割』を参考にしています。同著を解釈すると、「All」の成果を求めるのが「効率」、「One」の満足度を求めるのが「能率」と捉えることができます。「All」のための「効率」だけを追求すると人は疲弊し、場合によっては組織を辞めてしまいます。

逆に、「One」のための「能率」だけを追求すると組織としての成果が出ず、存続が危ぶまれます。

まさに、「効率」と「能率」、組織と個人のどちらに注力するのが正解なのか、マネジャーには葛藤が生まれます。

・葛藤② 「短期 vs. 長期」

短期的な利益を追求するだけでは、将来の環境変化への備えが不十分になり、結果的にあとで大きなツケを支払わなければならなくなることもあります。

逆に、中長期視点に偏ると、現在の利益を逃し、足元を揺るがす結果に陥ります。

このように、相克する短期利益と長期利益についてどのようにバランスを取るのか。マネジャーには常に自覚的な選択が求められます。

メンバー1人ひとりの強みや、これまでの経験を活かした仕事の分配を行えば、短期的には成果を創出することができます。

その一方で、得意なことばかりに傾注させれば、メンバーはみな自分の弱みや長期的な成長課題に向き合うことができません。それによってメンバー1人ひとりが成長できなければ、組織の中長期的な発展可能性が低くなってしまいます。

短期的な成果を求めるべきか、それとも長期的な視点から個人と組織の成長に注力すべきか——。マネジャーの葛藤は続きます。

・葛藤③「分化 vs. 統合」

組織の本質として、組織の規模が拡大すれば、それに伴った「分化」、つまり階層分化や機能分化などを進める必要が生じます。なぜなら、組織の拡大に伴う複雑性を縮減する必要があるからです。

しかし、分化を進めれば進めるほど、分化の度合いに反比例して組織全体の「統合」、つまり目標共有や共通意識、一体感などが弱まります。

全体統合を怠ると組織がバラバラになり、分化を怠ると組織拡大のスピードが鈍ります。分化と統合の絶妙な繰り返しが、組織の拡大・発展に繋がるのですが、マネジャーとしては葛藤の連続です。

マネジャーであれば、誰もがこれらの葛藤に直面するものです。自分だけの悩みではないことを知るだけでも、少しは気持ちが楽になるのではないでしょうか。

さて、あなたは、何か葛藤を抱えていますか？
その葛藤に、あなたはどのように向き合いますか？

葛藤に対しては、「振り子」で打ち手を考える

代表的な3つの葛藤を見てきましたが、こうした葛藤に直面した時、マネジャーはどう考え、どう行動すればよいのでしょうか。

もちろん、ケースバイケースです。時と場合によって、最善手は変わります。では、どのようなケースに、どのような手が最善手となるのか。私の考えを述べましょう。

私は、こうした葛藤に直面した時には、「振り子」で考えてきました。

「AかBか」という葛藤に直面したら、図表7のような振り子を頭にイメージします。

そして、現状、振り子がどの位置にあるのかを考え、判断します。

振り子がAのほうに振れている状態なのか、Bのほうに振れている状態なのか。「現状がどちらなのか」が大事になります。

そして、逆の方向に振り子を振ることを考えます。大切なのは矢印の方向です。A→Bなのか、それともB→Aなのか、です。

図表7 「振り子」で打ち手を考える

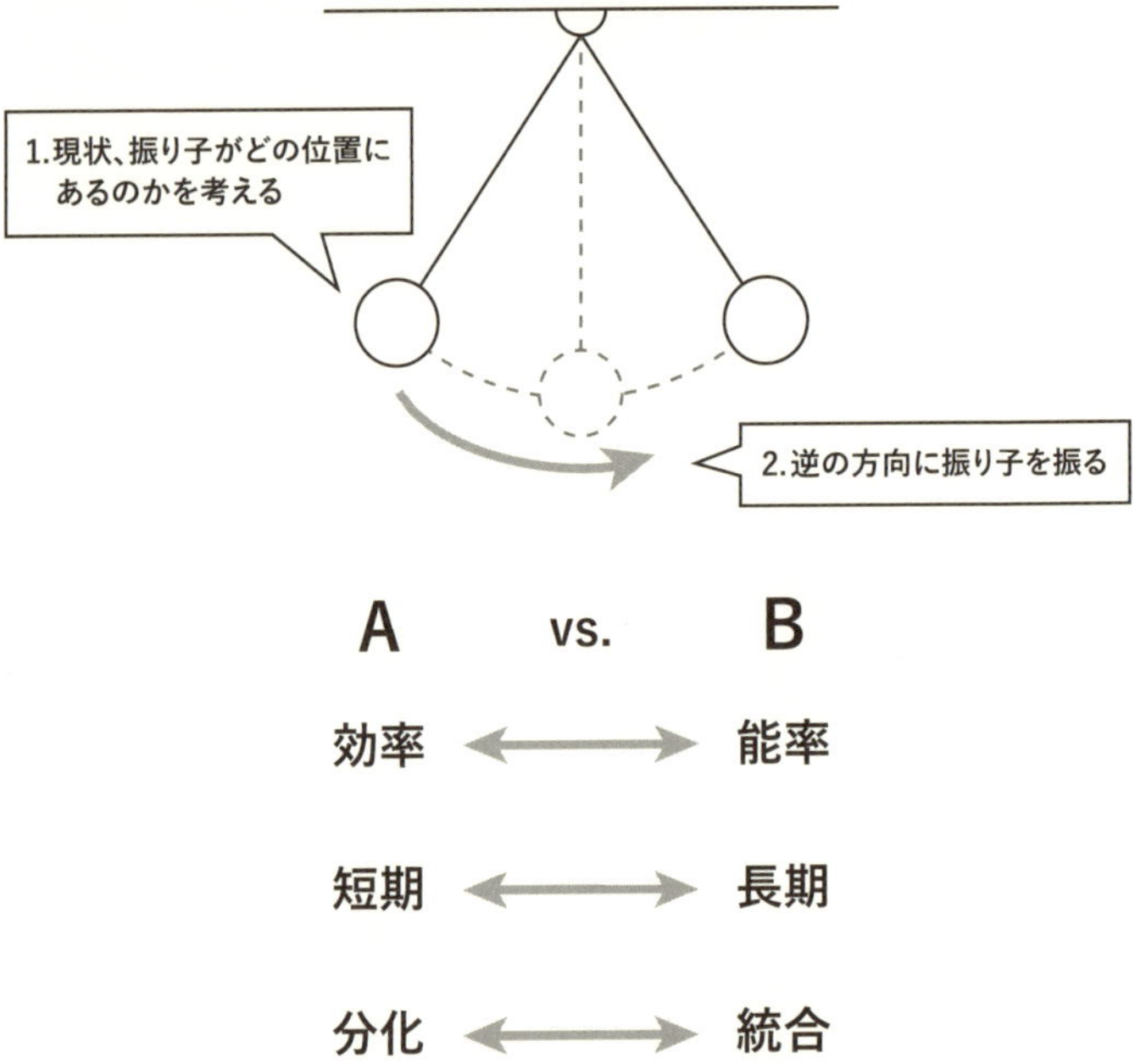

出所：筆者作成

たとえば、短期と長期なら、短期に振れているのか、長期に振れているのかを、組織をよく見て判定します。短期に振れている場合には、長期に傾く手を打ちます。逆に、長期に振れているのなら、短期を促す手を打ちます。振り子を逆側に振るような施策を行うのです。

A側に振りたい、B側に振りたいなどの、感情や思いなどは排除して、ただ現状をよく見て、逆の方向に振り子を振る打ち手を考えます。

振り子がAにあれば、逆のBに振れる手を打ち、Bに振り子が振れたら、今度はAの方向に振れる手を打ちます。振り子は常に動いているので、時と場合によって打ち手は変わるというわけです。

当然のことながらマネジャーには、AかBかという「ｏｒ」ではなく「ａｎｄ」の意識で両立させることが求められますが、そのためにも振り子を振るイメージを持つことが大切です。

均衡している状態は危険な兆候

ここで勘違いしていただきたくないのは、どちらにも振れていない真ん中に振り子を止めようとしているわけではないということです。

組織にはダイナミズムが必要で、人間という生き物によって形成される組織もまた生き物であるとするなら、止まっている状態が良い状態なわけがありません。

葛藤がなく、均衡が保たれている状態は、一見すると組織にとって良い状態のように思えるかもしれませんが、まったく逆です。

動くことなく、止まっている振り子のような組織とは、ある意味で停滞の最中にあり、成長することもなければ発展することもありません。

もし自分がマネジメントする組織やグループ、チームが均衡状態に陥っているなら、マネジャーがやるべきことは1つ。どちらの方向でもいいので、振り子を振ることです。

意識的に不均衡を作り出すことで、組織は成長に向けて動き出します。そのため、現状が均衡しているのであれば、リーダーは振り子を振って自ら不均衡を作っていくことが大切です。

均衡状態が過度に進行し硬直化を招くことで、さらなる成長の妨げにもなるリスクが生じます。それを回避するためにも、**健全に振り子を振ることができる（エンゲージメントの高い）組織作り、成長の輪を大きくしていく役割を果たすことがリーダーには求められます。**

マネジャーは葛藤に苦しむかもしれませんが、その葛藤を乗り越えた先に、組織の成長・発展が待っているのです。

「権限移譲」の悩み解決法

比較的若手の経営者たちから、いろいろな質問をされることがあります。その中で「どこまで権限を委譲するのが正解なのか」と聞かれることがよくあります。

これもマネジメントを任された者なら、誰もが直面する課題でしょう。

経営の神様と言われたパナソニックの創業者である松下幸之助さんは、「任せて任せず」と言ったそうです。基本的には権限を委譲し、その仕事を任せます。ただ、任せたら放置したままでいいかと言えば、そうではなく、「君、あの仕事はどうなっとるんや」などと、折を見て進捗を聞く。相手によって、そのタイミングや頻度を変えるのだと推察しますが、こうしたやり方も権限移譲の1つの有効なやり方でしょう。

私はというと、どの権限を委譲するか、対象を分けて、絞ることをしてきました。たとえば、顧客開発、商品開発、ブランド開発、人材開発など、創業初期にはすべての権限を私が全部抱えていました。ただ、徐々に会社が成長していくプロセスで「顧客開発に関しては、○○さんに任せたほうが上手くやってくれそうだ」と思えるようになり、少しずつ権限を委譲してきました。

また、開発テーマごとに「P→D→C」というレイヤーがあります。P（＝Plan）は、権限移譲せず、D（＝Do）とC（＝Complete）は任せるなど、「テーマ×レイヤー」のマトリクスで考える方法も効果的です。

いまのところ、顧客開発→商品開発→ブランド開発の順番で権限移譲を行いましたが、人材開発の「P」と「D」はいまだに権限移譲はしていません。まだ手放さないほうがいいと思う理由があるからですが、それはまた別の機会に。

多くの経営者やマネジャーは、権限移譲を考える時に、こうしたテーマやレイヤーなどで「分ける」ことをせずに、ただ漠然と権限移譲に悩んでいるケースが多いと感じます。

漠然と権限を委譲すると、委譲されたほうも、何の権限が委譲され、どこまでの権限があるのか、よく分かりません。与えたほうと、受け取ったほうで、権限の範囲に齟齬があれば、問題も起きるでしょう。

次期リーダー、次期マネジャー、次期経営者など、次の人材を育てることは、マネジメントにおいて必須のことであり、そのために権限移譲は欠かせません。

ですから、自分が持っている権限をテーマやレイヤーなどで分け、それらの中で、どれを誰に任せられそうか、どれは自分がやるべきかと考えていく。テーマとレイヤーを絞って権限を移譲していくと、スムーズな移譲が可能になります。

当社もいろいろな未上場企業にＣＶＣ（＝コーポレート・ベンチャーキャピタル）

として出資をしているのですが、出資先の経営者からの相談事で最も多いのが、この「権限移譲」に関することです。しかし、**気をつけるべきは「権限移譲」が目的化してしまうこと**です。社員数20〜30人の規模の経営者には「本当にいま、権限移譲が必要ですか？」とか「まだまだ経営トップのあなたが陣頭指揮を執って会社を成長させるステージだと思いますよ」などとアドバイスすることが多いのが実際のところです。

ここまでマネジメントの本質について述べてきました。

マネジャーは組織の結節点であるがゆえに、様々な役割が求められます。この章でのキーワードを並べると、「複雑性の縮減」「影響力の5源泉」「金銭報酬＋感情報酬」「マネジャーの3つの葛藤」「振り子で考える」「均衡から不均衡へ」「権限移譲」となります。

読者の皆さんも、これらをヒントにマネジメントの本質について考え、自分なりの本質を見つけ、それをさらに骨太なものに育てていってほしいと思います。

本質はいつの時代にも変わることがない普遍的なものだと私は考えています。

第2章以降では、本章でお伝えした「会社」「組織」「マネジメント」の本質を踏まえつつ、昨今の世の中のバズワードの本質に迫っていきたいと思います。

第2章

社会的要請の本質

本章では、「女性管理職比率」「人的資本経営」「働き方改革」「ジョブ型雇用」という4つの社会的要請について、その本質を考えていきたいと思います。

1 「女性管理職比率」の罠

女性管理職比率の数値化目標の危険

社会的要請の1つ目として、まず考えたいのが、「女性管理職比率」についてです。

私は、女性が活躍すること、女性の管理職が増えること、女性の役員や経営者が増えることは好ましいことだと思っていますし、それらのために何らかの施策を行うことには大賛成です。女性の社会進出や活躍推進に関してもまったく異存はありません。

ただ、女性管理職比率や女性役員比率の数値目標を決めて、その実現を義務化（推奨）することが、女性の活躍を推進することになるという考えには、大いに疑問があります。

実際、女性管理職比率を達成するために、なりたくもない管理職に就かされる女性がいます。

「仕事と家庭の両立だけでも大変なのに、さらに管理職なんて絶対にムリ！」

これが、少なくない女性の本音ではないでしょうか。そんな女性にとっては、管理職になることは不幸なことでしかありません。

あるグローバル大手メーカーでは、女性の管理職比率を上げるために、意図的に多くの女性社員を管理職に登用したそうです。ところが、まもなく女性管理職の離職が相次いでしまいました。その理由は、「女性管理職に対する周囲からの過度な期待」「仕事と家庭の両立の難しさ」「男性社員からの嫉妬」などなどです。

このように女性管理職を無理やり増やすような施策で、不幸になる女性が生まれるぐらいなら、やらないほうがいい。私は心の底から、そう思っています。

女性の管理職や役員の比率として、30％以上という数値目標が決められたのは、おそらく欧米の企業の女性管理職や役員の比率がおおむね30％以上だからでしょう。

この目標は「日本も、そこに至らないといけないのではないか」という浅はかな考えにすぎず、**30%という数値に何らかの意味、論理的な根拠はありません。**

たとえば、一般的に一定の筋力が必要とされる建設業界や運送業界でも、女性管理職比率を他の業界と同様に30%にすることが、本当に男女平等で女性が活躍できる社会になることに繋がるのでしょうか。私にはそうは思えません。

近年、個人の価値観は多様化しています。個人の働き方も、働く意味も、働く目的も多様化しています。それは女性も男性も同じです。

であるならば、個人個人の希望や適性、個性などが活かせる社会になること、男女関係なく、社会全体で適材適所を実現できることが理想ではないでしょうか。

業種や業態の違いも考慮せず、女性たちの声も聞かず、すべての企業に一律の数値目標の達成を求めることには、私は違和感しかありません。そして、そのあまりにも短絡的なやり方には、正直なところ呆れています。

管理職＝「活躍している・偉い」は昭和の価値観

また、管理職や役員の割合を数値目標にすることにも、古い考えが根底にあるように感じます。この古い考えとは、「管理職や役員のほうが社員よりも偉い」というものです。

そしてまた、「偉い女性を増やせば女性が活躍していることになる」といった考えです。そんな古い考えの匂いを感じているのは、私だけではないでしょう。

管理職や役員が社員よりも偉いわけではなく、管理を役割とするポジションが管理職なのであり、会社経営や会社全体の管理を役割とするポジションが役員なだけです。

女性の活躍を促すという観点から考えても、管理職や役員として活躍する人たちの割合だけに数値目標を設定する理由はまったくないでしょう。

研究職として活躍してもいいし、マーケティングや人事、経理、広報などの専門職で活躍してもいい。業界や職種などを固定することなく、社会のあらゆるところで女性が活躍している社会こそが、追い求めるべき社会だと私は考えます。

女性活躍に関しては先に挙げた建設や運送のように、業界によって違いがあることは自然だと思います。つまり、**各業界や各社で同一の目標を掲げて女性の活躍を促す**

のではなく、社会全体として女性が活躍できる状態を目指すべきではないでしょうか。

女性の「男性化」を促すことの大罪

女性の活躍を推進する施策を考える時、「**会社はひと昔前まで、男性のムラ社会だった**」ことを考慮に入れる必要があります。

なぜなら、男性のムラ社会の制度やルールのまま女性に活躍を促すと、女性の「男性化」を促すことになるだけだからです。

ひと昔前までの男性のムラ社会とは、主要な業務はすべて男性が担い、入社から定年退職まで、ただひたすら朝から晩まで仕事に勤しむ企業社会のことを指します。そして大抵の場合は、年齢と共に右肩上がりに給料も上がりました。

これが実現できたのは、家事や育児など、家の仕事を主に女性が担ったり、時には祖父母に協力してもらったりすることで、男性はあまりライフステージの変化に向き合うことなく、仕事に専念することができたからです。

こうした男性のムラ社会時代の制度やルールのままの会社は、現在でもたくさんあります。

そんな会社で働く女性は、結婚をしても出産には二の足を踏みます。なぜなら、出産と育児で仕事を長期間休んでしまったら、復職後は仕事がなくなっているかもしれないと考えるからです。

つまり、男性のムラ社会的な企業が変わらない限りは、女性の活躍を推進することは結果として女性の「男性化」を促してしまうことに繋がってしまうのです。少子化の原因は経済的背景などを筆頭に多岐にわたると思いますが、こうした男性のムラ社会企業に勤める女性が出産に消極的になってしまっていることも少なからず関係するのではないかと、私は考えます。

では、どうすればよいのか。

女性の活躍を促すのであれば、女性には出産という大きなライフイベントがあり、キャリアが中断する期間があることを前提に、会社の制度やルールを刷新することが不可欠となります。

たとえば、私は「役割期待の握り直し」と呼んでいるのですが、働き方を柔軟に改められるようにする。そして給与形態もそれに準じて変える。

それまではバリバリ働いていたとしても、出産前の時期に少しずつ業務量や業務時間を減らしていく。それに準じて給料も減っていく。あるいは、育児の状況を見ながら、今度は復職を目指して少しずつ業務量や業務時間を増やしていく。そうなると、給料も少しずつ増えていく。

完全に復職する際にも、以前のようにバリバリ働く道を選ぶのか、少し抑えた仕事量にするのか、給与形態も含めて「役割期待の握り直し」を行う。つまり働く側に複数の選択肢を提供することです。これは女性に限ったことではなく、男性が育児や介護にシフトする際にも、適用すべきことだと思います。

こうした柔軟な制度があれば、女性はライフイベントがあっても、キャリアを継続でき、男性化することなく働き続けることができます。

女性管理職比率や女性役員比率の数値目標を設定し、その実現を義務化するよりも、こうした女性の働き方を支援する柔軟な制度の導入を義務化するほうが、女性活躍によほど資すると私は確信しています。

女性でも男性でもなく「個性」が輝く社会へ

そもそも現代は、「女性」でも「男性」でもなく「個性」を重んじる時代だと私は考えます。

少し理屈っぽくなりますが、とても大事な観点なのでお付き合いください。

ここでは、3つのレイヤーで説明します。

まず、第1のレイヤーは、「男性／女性」です。つまりXYの染色体を持っているのかXXの染色体を持っているのかの「生物学的レイヤー」です。このレイヤーには本人の意思は反映されません。生まれながらに定まった生物としての特性です。アメリカのトランプ大統領の「性別は2つしかない」という発言は、このレイヤーでのものです。ただ、組織や社会の発展・継続のためには「One for all, All for one」の視点が欠かせません。そこで第2・第3のレイヤーで考えてみます。

第2のレイヤーは、「男性／女性／ＬＧＢＴＱ＋」などの「性の自己認知のレイヤー」です。これは、「One for All, All for One」の「Ｏｎｅ」（＝個人）の視点からのレイヤーです。このレイヤーでは、個人の指向性や感性を示します。そして、それらは尊重されるべきです。

最後に、第3のレイヤーは、「社会的レイヤー」です。「One for All, All for One」の「Ａｌｌ」（＝社会）からの視点です。このレイヤーでは、男性／女性／ＬＧＢＴＱ＋は関係なく、「個々人の『個性』」が輝くことで社会全体の活力向上や発展を目指すことがテーマです。

ところが、おかしなことに女性管理職比率目標というのは、この第3のレイヤーに、唐突に第1のレイヤーの「性別」を持ち込んでしまっているのです。この論理矛盾を指摘する発言が企業社会であまり聞こえてこないことを、私は不思議に感じています。

結論から言えば、「女性の管理職比率」について各企業に一律に数値目標を課すのではなく、1人ひとりの「個性」を大事にする社会、1人ひとりが自分の「個性」をいかんなく発揮できる社会にするために、どんな施策が考えられるのかを本来は議論

図表8 3つのレイヤーの関係

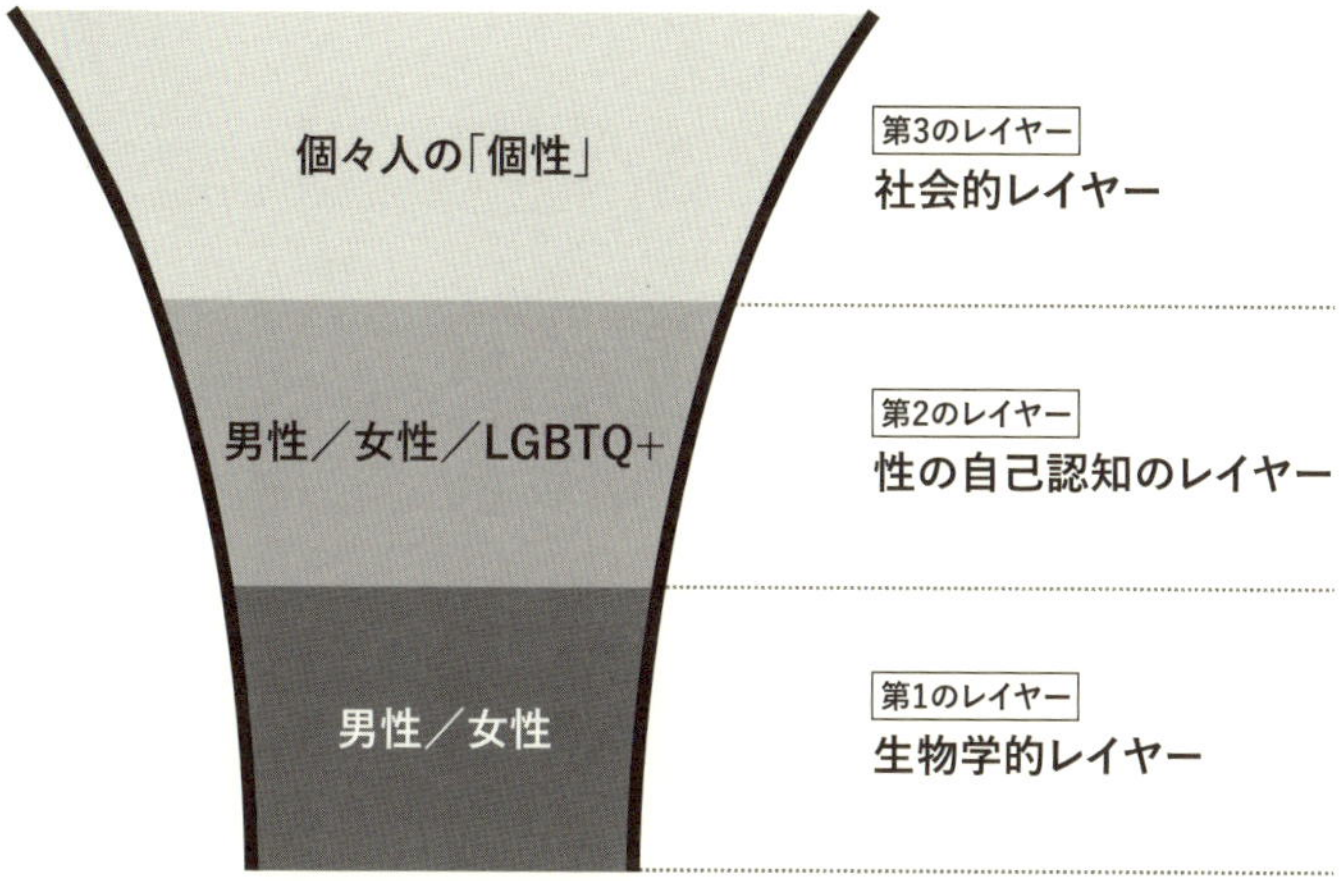

出所：筆者作成

すべきなのです。

さて、あなたの会社の女性管理職比率はどれぐらいですか？

女性管理職は輝いていますか？

あなたは管理職を目指したいですか？　それとも専門職を目指したいですか？

あなたの会社では1人ひとりの個性が大事にされていますか？

2　「人的資本経営」の真相

「人的資本開示」の義務化で社内が大混乱

「人的資本経営」も近年、社会的要請として対応が迫られているテーマです。どのような社会的要請か、簡単に説明しましょう。

これまでは、財務などの有形資産に関しては情報開示が義務化されていましたが、無形資産についてては情報開示義務がありませんでした。しかし、人材こそが企業の競争力の源泉であり、企業が成長、発展するための重要な資本であることから、投資家から非財務情報として人的資本に関する情報開示が求められるようになります。

この投資家からの要望に応える形で、2023年3月期から「有価証券報告書」を発行する企業約4000社に人的資本情報の開示が義務化されました。

では、具体的にどのような情報を開示する必要があるのでしょうか。

国際標準化機構（ＩＳＯ）の人的資本開示に関するガイドライン「ＩＳＯ３０４１４」には、11領域にわたって58の指標が示されています。

こうした指標を参考に、「女性管理職比率」や「男性の育休取得率」や「男女賃金格差」などの数値が開示されるようになりました。

人的資本情報の開示が義務化されたことで、該当企業では開示のためにかかる費用が新たに発生。その分コストが増えたわけですが、それだけでなく、社内に軋轢や混乱も招いているのが現状です。

たとえば、情報開示を担当するＩＲ部門が人事部門に、ある数値の測定を依頼します。人事部門としては、これまでにない作業が発生し、「何のために開示するんだ。その数値を開示して意味があるのか」と不満が募ります。そして、対応はどうしても後ろ向きになります。

人的資本に関するあらゆる情報を持つ人事部門には、数値の測定や計算だけでなく、人材開発やリーダーシップ開発の方針についてレポートを作成することが求められます。

当然、それだけ新たに業務が増えるわけですから、人事部内の業務は煩雑になります。担当者は一生懸命作るのですが、作成するだけで手いっぱいとなり、作成の目的などはどこかに忘れ去られてしまいます。

作成したレポートに対して、ＩＲ部門がダメ出ししようものなら、人事との関係はより険悪に。このような状況で作成される人的資本情報にどれだけの価値があるのでしょうか。

おそらく、作成している企業の価値向上にも繋がらなければ、それを見る投資家が投資判断を下す価値のある情報にもなっていないのではないかと思います。

「骨折り損のくたびれ儲け」とは、まさにこのことです。

無意味な指標の羅列は企業価値を毀損するだけ

先述のように投資家が人的資本情報の開示を求めるようになったのは、単にそれに関する数値が見たかったわけではありません。人的資本開示を進めることで、人的資本の価値、ひいては企業の価値を高める経営をしてもらいたい、というのがその真の狙いです。

だとすれば、**経営戦略と人事戦略の連動**こそが重要になります。

こうした企業価値の向上、経営戦略と人事戦略の連動などが意識されることなく、オリジナルの指標や施策を考えて発表したとしても、投資家からは「だから、何？」と思われるだけです。

実際、財務情報と非財務情報の両方を掲載した「統合報告書」を発行するにあたって、人的資本情報を10数ページ作成する必要に迫られ、頭をひねって独自の指標や施策などを考え出している企業が多いのが実情です。しかし、ひねり出された多くの指標や施策は、企業価値の向上とは相関がなく、単なる自己満足に終わっているケースもあるのではないでしょうか。

また、そうした独自指標を発表するために、社内に大きな負担がかかり、人事部門内だけでなく、部門間のいざこざが増え、セクショナリズムが横行して困っていると当社への相談も増えています。

ここでも、**人的資本情報の開示という手段が目的化**してしまい、様々な問題を引き起こしているのです。

事業成果と人的資本の関係を紡ぐ

では、本来の目的である人的資本の価値向上、企業価値向上という目的を踏まえた指標や施策は、どのように考えればよいのでしょうか。

多くの企業は、経営戦略と人事戦略を連動させるにあたって、人材ポートフォリオを重視しています。もちろん人材ポートフォリオは重要ですが、ただそれだけを指標として追いかけても、企業価値向上には繋がりません。せっかくタレントマネジメントシステムを導入したものの、それを有効に活用できず、単なる更新頻度の低い個人情報データベースとして放置されている残念な状況も、多くの企業で散見されます。

重要なのは、人的資本の指標と財務成果との繋がりを整理した「人的資本インパクトパス」です。

「人的資本インパクトパス」とは、組織人事施策（人的資本ＫＰＩ〈重要業績評価指標〉）→組織・人材の変化（人的資本ＫＧＩ〈重要目標達成指標〉）→活動の変化（事業ＫＰＩ）→事業の成果（事業ＫＧＩ）→財務の成果（ＢＳ〈貸借対照表〉やＰＬ〈損益計算書〉）という流れを可視化したものです。

たとえば、ある大手メーカーでは、開発部門の評価制度項目に挑戦行動を組み込む（人的資本ＫＰＩ）→会議体でのテクノロジーや技術アイデアに関するアジェンダが増える（人的資本ＫＧＩ）→開発会議での新規技術提案が増える（事業ＫＰＩ）→市場に出す新商品数が増える（事業ＫＧＩ）→売上伸び率が高まる（ＢＳやＰＬ）といったステップを踏んで変化していくことを目指しています。

こうしたプロセスを考えて、指標や施策を設計することが大事になるのです。

そのうえで、人的資本の指標を構造化していきます。もちろん、人的資本が企業の成長、発展、価値向上に繋がるまでにはタイムラグがあります。そのため、人的資本経営を実践し続ける確固たる理念や中長期的な成長を見据えた戦略的視点は欠かせません。

人的資本経営の一丁目一番地は「エンゲージメント」

人的資本の指標は、先述のようにたくさんありますが、それらは横並びではありません。それらの中で、私が最も重要だと考える指標が「エンゲージメント」です。

エンゲージメントとは、企業と社員の相互理解、相思相愛度合いのこと。「One for All, All for One」の実現のためにも、エンゲージメントの向上が欠かせません。

エンゲージメントが最も重要な指標だと考えるのは、**エンゲージメントが業績や労働生産性と正の相関関係にある**からです。つまり、エンゲージメントが高い企業は、業績や労働生産性も高いのです。

たとえば、経営幹部を育成するために研修などを行ったとしても、エンゲージメントが低いと、せっかく育成した幹部社員が離職してしまう可能性があります。

ＭＢＡを取得させるためにアメリカの大学に留学させた社員が、帰国後しばらく勤めたら他社に転職してしまったという話を大手の銀行や商社でよく聞いたものです。その原因はエンゲージメントの低さです。

図表9 エンゲージメントと業績、労働生産性の関係

業績（営業利益率）

エンゲージメントスコア(ES) 1ポイント上昇につき、当期の営業利益率が0.38%上昇する

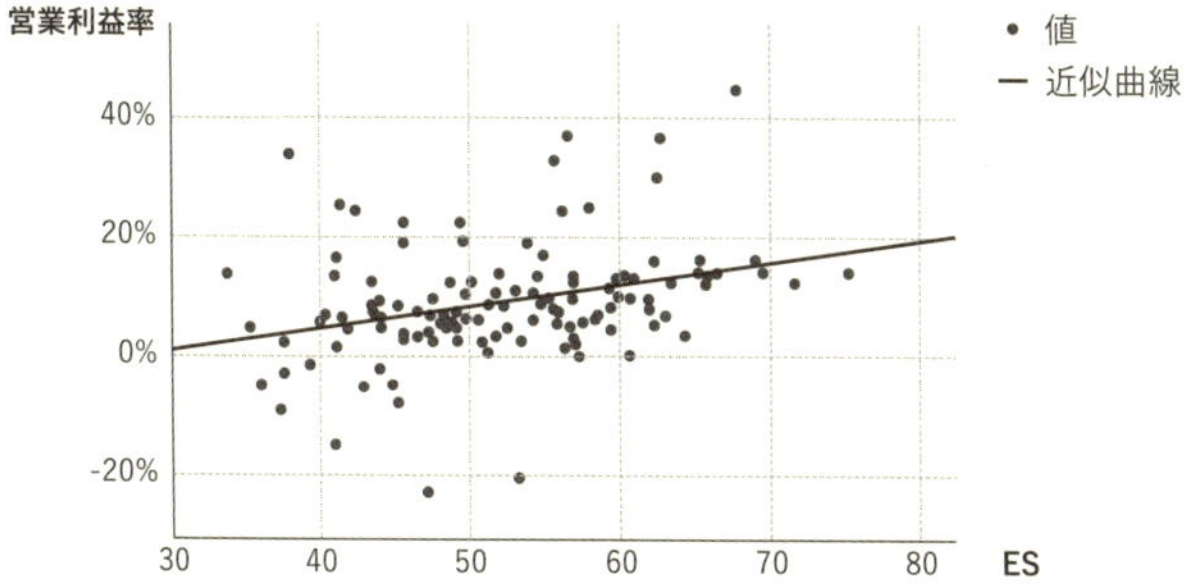

労働生産性

エンゲージメントスコア(ES) 1ポイント上昇につき、労働生産性(指数)が0.035上昇する

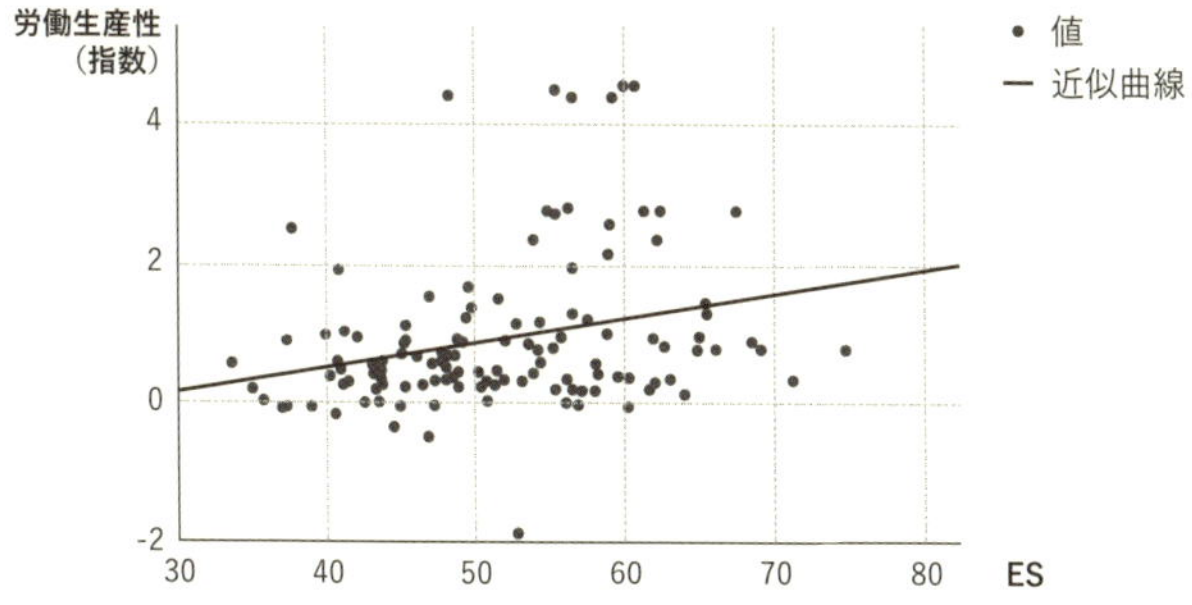

出所：リンクアンドモチベーション モチベーションエンジニアリング研究所と、慶應義塾大学大学院経営管理研究科／ビジネス・スクール 岩本研究室共同「エンゲージメントと企業業績」に関する研究

要するに、エンゲージメントが低いと、いくら人的資本の価値を高めるための投資を行っても、リターンが得られないということです。逆に、エンゲージメントが高ければ、離職する可能性も低いので、投資対効果が得られる可能性が高まります。

こうした点からも、**人的資本情報の中でもエンゲージメントが次元の違う指標である**ことが分かるのではないでしょうか。

日本企業はエンゲージメントが低いというデータがあります。アメリカのギャラップ社の調査（State of the Global Workplace 2017）によれば、日本企業のエンゲージメントは世界132位です。裏を返せば、エンゲージメントを高めて成長する余地が日本企業にはまだまだあるということです。

私は、**「人材力（個人のスキル・能力）」×「組織力（エンゲージメント）」＝人的資本**と考えています。さらにはこれからの時代は、人材力強化の前提となる「採用力（価値発揮主体の調達力）」が、よりクローズアップされることになるでしょう。個人のスキル・能力やエンゲージメントの調査だけではなく、人的資本の採用戦略や向上策についての顧客企業から当社への相談が増えているのが実情です。

柔軟な「関係解消」が日本企業のエンゲージメントを高める

人的資本経営の本質を見極めるために、最後に、言いにくいこともあえて言っておきたいと思います。

経済合理性を重んじる企業経営においては、「**新たな価値を生み出す資本を磨き、価値を生まない資本は入れ替える**」というのが基本姿勢となります。

そして、経営戦略と人材戦略を連動させればさせるほど、価値を生み出す人的資本と価値を生まない人的資本がクリアになっていきます。

企業経営の基本姿勢からすれば、価値を生まない人的資本は入れ替える必要があるのですが、日本の法律の下では、それを柔軟に行うことができません。

結果として、成熟産業から成長産業への人的移動が起こらず、成熟産業に人材が滞留してしまっているのが現状です。もちろん、エンゲージメントは低いままです。

また、価値を生まない人的資本を入れ替えることができないがゆえに、エンゲージメントを高めにくいという側面もあります。

人的資本経営の目的が、人材の個性や能力の最大限の発揮によって企業価値を高めることにあるならば、自社では価値を生みにくい（他社に移れば個性や能力を発揮できる）人的資本を柔軟に（会社と個人がお互いに納得感を持って）入れ替えることができるよう、解雇法制をいまよりは緩和すべきだと私は考えます。

労働契約法第16条は次の通りです。

「解雇は、客観的に合理的な理由を欠き、社会通念上相当であると認められない場合は、その権利を濫用したものとして、無効とする」

解雇するには、社会の常識に照らして納得できる理由が必要ということなのですが、その範囲があまりに狭く、限定されているのです。

解雇に関する法律を現在の企業経営の状況に合わせて、公正で公平で柔軟な「関係解消」が行えるように見直さなければ、本当の意味での人的資本経営の実践は不可能ではないでしょうか。

少なくとも、解雇法制をいまより緩和する議論が遅かれ早かれ始まることを期待しています。

念のために追記しておきますが、私は人を簡単に解雇できる世の中にしたいとは微塵も思っていません。解雇法制が厳しすぎるがゆえに、屋上屋を架さなければならない実態に警鐘を鳴らしたいと考えているだけです。

3 「働き方改革」の困惑

働く個人をカイシャ君から守るのが「働き方改革」

「働き方改革」もまた、社会的要請の1つです。ただ、ひと口に働き方改革と言っても多種多様なので、ここでは代表的な「時間外労働の上限規制」「有給休暇取得促進」「勤務間インターバル」の3つについて、まず見てみましょう。

時間外労働の上限規制ですが、時間外労働（休日労働は含まず）の上限は、原則として月45時間、年360時間と決められています。臨時的な特別の事情がなければ、この上限時間を超えて働くことはできません。

また、臨時的な特別の事情があり、労使が合意した場合でも、時間外労働は年720時間以内、時間外労働＋休日労働は月100時間未満、2～6カ月平均80時間以内と決められています。

原則である月45時間を超えることができるのは、年6カ月までです。

時間外労働の上限規制は、経済合理性を求めて、社員を目一杯に働かせようとするカイシャ君から、働く個人＝「Ｏｎｅ」を守るための法律だと言えるでしょう。

有給休暇取得の促進としては、年休の付与日数のうち5日を除いた残りの日数について労使協定を結ぶことにより、計画的に年休の取得日を割り振れる「年休の計画的付与制度」があります。

また、年休の付与は、原則1日単位ですが、労使協定を結ぶことにより年5日の範囲内で時間単位の取得ができる「時間単位年休」という制度もあります。

これらも、経済合理性を軸に休みなく社員を働かせようとするカイシャ君から、働く個人＝「Ｏｎｅ」を守るための制度だと言えます。

勤務間インターバルとは、1日の勤務終了後、翌日の出社までの間に、一定時間以上の休息時間（インターバル）を設けることを指します。

その目的は、働く人の生活時間や睡眠時間を確保することで、これも経済合理性を求めて働かせ続けようとするカイシャ君から、働く個人を守る新制度です。

働き方改革は2016年から本格化し、2018年には法律が定められました。

働き方改革のすべてが、働く個人をカイシャ君から守るものではありませんが、その多くは、「One for All, All for One」の「One」を働きやすくするための改革です。

かつて、日本の労働時間は世界最長とも言われ、年2400時間を超えていました。深夜でもビルの灯りが消えることがなく、「不夜城」などと呼ばれ、栄養ドリンクのCMコピーには「24時間戦えますか」というものもありました。

しかし、働き方改革が進んでいることもあり、現在の全従業者平均の1人当たり年間実労働時間は、約1600時間にまで減っています（経済協力開発機構〈OECD〉の調査2021年年間労働時間）。

ちなみにOECDに加盟する38カ国の平均は1716時間となっており、日本は平均より約１００時間少ないことになります。そういう意味では、「過度な労働から働く人の健康を守る」という働き方改革の目標はある程度達成されたと言えるでしょう。ただ、天然資源の乏しいこの国において年間実労働時間がアメリカの１７９１時間よりも約２００時間も少ないことには、国際競争力を高めるという観点から、私は少し危機感を覚えています。

　実際に支援をさせていただいた企業の例で、一部の若手社員から「早く成長したいので労働時間の厳しい制約は取り払ってもらいたい」などの声があがり始めているのも事実です。もちろん成長意欲の高い優秀層のことではありますが。

「長時間労働は絶対に嫌だ」という考え方も、反対に「一人前になるまでは、がむしゃらに働きたい」という考え方もあっていいと思います。それぞれの仕事観を尊重することが真の「多様性」ではないでしょうか。もちろん社員の健康を守ることが大前提なのは変わりません。

　労働時間の規制に関しては、「時間」だけに目を向けるのではなく、労働生産性の観点も視野に入れながら、最適解を求める議論が生まれることを期待しています。

「働きやすさ」は実現したが、「働きがい」は低下したという現実

働き方改革によって、「Ｏｎｅ」の待遇が改善される一方で、「Ａｌｌ」の業績は上がっているでしょうか。国の総生産を表すＧＤＰは、２０１６年以後、顕著な伸びを示していません。

日本の労働生産性が、働き方改革によって高まったという話を私は寡聞にして知りません。

また、**働く個人の「働きやすさ」が改善される一方で、「働きがい」は下がっている**というデータもあります（図表10）。

働きがいが高まっていないことが、日本の労働生産性が高まらない原因かもしれません。

働きやすさは、会社の安定性・待遇・施設や環境の利便性・上司との関係性などの衛生要因を高めることで実現できます。

それに加えて、パーパスや経営理念への共感・事業や仕事内容の醍醐味・一体感の

図表10 「働きやすさ」と「働きがい」の推移

「働きやすさ」は改善しているが「働きがい」は減少している

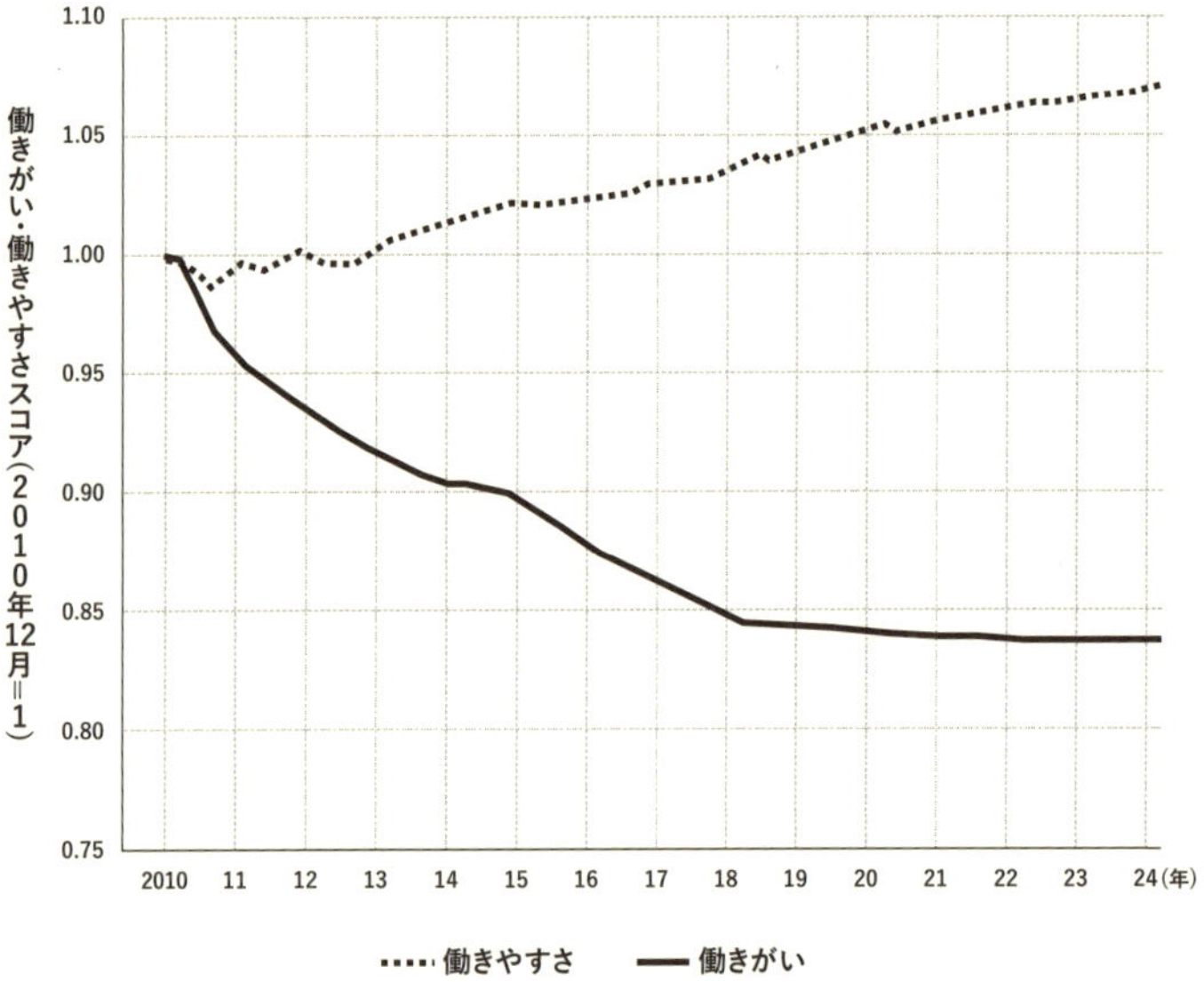

出所：OpenWorkに投稿された「ワークライフバランス」「女性の働きやすさ」を"働きやすさ"スコアとして、「働きがい・成長」を"働きがい"スコアとして、 機械学習によって算出（クレジット・プライシング・コーポレーション 西家宏典氏作成）

ある組織風土などの動機付け要因を高めることで、働きがいを高めることも、今後の働き方改革には求められるでしょう。

働きがいを高めるためには、自社特有のエンゲージメントファクター（会社と従業員が相思相愛になるポイント）を見出すことも大切になります。

リモートワークからリアル出社への揺り戻し

働き方改革の一環で始まったリモートワークは、新型コロナウイルス感染症のパンデミックにより、一気に日本中に浸透しました。

しかし、新型コロナが収束を見せる中、多くの企業がリアル出社に戻りつつあります。あれだけ空いていた通勤電車も満員電車に戻りました。

２０２４年９月、巨大ＩＴ企業アマゾン・ドット・コムも世界中の社員に週５日の出社を強制する方向に舵を切り、デスクもフリーアドレスから固定席に戻すというニュースが流れました。これらの方針転換は、リモートワークの先頭を走っていたＩＴ

業界全体に大きな衝撃を与えました。

では、企業がリモートワークからリアル出社に戻している理由は何でしょうか。

まず、コミュニケーションの問題があります。たしかにリアル出社のほうがリモートよりもコミュニケーションが活性化します。

また、出社していると近隣の部署同士の偶発的なコミュニケーションも生まれやすい。

加えて、対面でのブレストのほうがリモートワークよりも新しいアイデアが生まれやすいという利点があります。

さらに、リモートでは社員の行動が見えにくく、管理するマネジャーが不安を抱くことなどがリアル出社に戻している理由として挙げられます。

逆に、メンバーの多くは、通勤する時間も疲労も削減できるなどのメリットを享受した経験から、リモートワークを手放したくないと考えています。特に、夫婦でダブルワークしている場合、一方が転勤になり転居の必要性が生じると、もう一方はリアル出社ができなくなるという切実な理由で退職を選択するケースもあります。

実際に中途採用の面接をしている私の実感として、「毎日、満員電車に乗ってリアル出社を強制される会社には、勤めたくない」という声が多くなっています。特にITエンジニアなどの技能職に顕著な傾向です。

会社としても、リモートワークに生産性向上などの一定のメリットがあることは実感、また理解しているものの、リアル出社の利点も捨てがたく、部門や部署ごとに対応が分かれているケースも珍しくありません。

個人的には、リモートワークとリアル出社の利点を統合して、ハイブリッド型に落ち着くのではないかと考えています。もちろん業界によって事情は違いますが。

今後の人材マネジメントにおいて、リアル出社が主体になるのか、それともリモートワークが主体になるのかは、つまるところ、**人材の優秀層がどういった働き方を指向するかによって、企業の対応が決まってくる**のではないでしょうか。

4 「日本版ジョブ型雇用」の正体

真の目的は、若手有望人材への報酬シフト

「ジョブ型雇用」とは、1人ひとりの職務を明確にして責任の大きさと成果で報酬を決める雇用システムのことです。他方、これまでの日本型雇用は「メンバーシップ型雇用」と呼ばれ、業務内容や勤務地などを無限定に雇用契約を結ぶ雇用システムです。

最近はジョブ型に移行しようとする企業が増えていますが、その背景にあるのは、専門人材の確保、グローバル競争力の向上、働き方の多様化、年功序列・終身雇用の限界などです。

しかし、表向きの理由はともかく副次的な目的として、**新たな価値を生まない人材の給料を下げ、その分を新たな価値を生む人材に振り分けたい**ということがあるのではないでしょうか。カイシャ君の基本的価値観が経済合理性にある点を考えれば当然

のことでしょう。

年功序列・終身雇用が長く続いてきた結果、価値を生み出しづらい社員層の人件費を削減し、ＩＴエンジニアなど労働市場において獲得競争が激しい人材への報酬に振り分けたい、新たな価値を生み出す若い社員層への報酬に割り当てたい、というのが多くの企業の本音であることは間違いないでしょう。

いまや、ＩＴなしにビジネスを行うことは難しく、ＩＴ人材は引く手あまたの状況であるため、報酬も高騰しています。「高いからいらない」というわけにはいかず、優秀なＩＴ人材を確保するためには高い給与を払う必要があるのです。

しかし、給与総額を増やせる企業は少なく、誰かの給与を増やすためには、誰かの給与を減らす必要があり、そのために「ジョブ型人事制度」と称して人件費の再配分を志向している企業が増えているというのが私の解釈です。

かつて「成果主義」の導入が声高に叫ばれた時期がありましたが、成果主義もまた、価値を生み出す人材と生み出さない人材を見極めて、人件費の再配分を行うことが主な目的でした。

しかし、成果主義に制度を変更して業績が急激に好転した企業があったでしょうか。30年以上にわたる日本経済の停滞を考えると答えは「Ｎｏ」です。

では、ジョブ型雇用に制度を変更して、業績が好転する企業がこれから出てくるでしょうか。私はかなり懐疑的に捉えています。

仕事（＝ジョブ）に値段をつけることは不可能

本来のジョブ型は、「仕事（ジョブ）に値段」をつけ、その仕事を遂行する人が誰であろうと同じ報酬を払う仕組みです。

他方、メンバーシップ型は、能力給・年功給・成果給・属人給などにより、「人に値段」をつけ、どんな仕事を行っていようとも同じ報酬を払う仕組みです。つまり、**報酬を支払う対象を「仕事」（＝ジョブ）にするか、「人」にするかが、報酬制度の最初の大きな分岐点**となるのです。

さて、ここで問題です。はたして、仕事（ジョブ）に値段をつけることはできるのでしょうか。

たとえば、サッカーでセンターフォワードはいくら、ゴールキーパーはいくらと値段をつけているチームはありません。野球でもピッチャーはいくら、4番バッターはいくらと決めているチームはありません。他のスポーツも同様です。

大谷翔平選手、リオネル・メッシ選手など、**結局はポジションではなく、その人材そのものに値段をつけている**のがプロスポーツ界の常識です。

ビジネスにおいても、たとえば、研修を企画・計画し、実行する仕事に値段をつけることができるでしょうか。人的資本経営で、人材への投資を重視している現在と、それ以前では、その仕事の価値は大きく違うでしょう。

仕事の価値は、社会環境や経営戦略などによっても、日々刻々と変わるものです。ましてVUCAの時代です。環境変化が激しい中、その都度ジョブに値段をつけるなどということは不可能です。

ジョブ型のジョブ内容を規定する「ジョブディスクリプション」を書いているうちに環境変化が進み、そのジョブの価値が上がったり下がったりして、内容が意味をなさない状況に陥ってしまう。そんな笑えない状況に陥る可能性も十分にあるのです。

日本版のジョブ型雇用は、本来のジョブ型ではない

現在、日本で導入が進められているジョブ型人事制度の多くは、仕事ではなく「役割（職責と成果）」を規定しています。正確には、ジョブ型ではなく「役割型」や「ポスト型」なのです。

また、役割やポストを規定しても、ジョブディスクリプションは書かないケースも多々あります。

つまりジョブ型と言いながら、内容はジョブ型とは似て非なるものになっているのです。

本来のジョブ型は仕事に値段がついているので、人事評価は行われません。ジョブディスクリプション通りの仕事が行われたのなら、評価する必要はなく、決められた報酬が支払われます。

一方、日本はどうかと言えば、役割やポストを規定しているため、その役割を全うできたのかどうか、半年ごと、あるいは1年ごとに、役割遂行に対する人事評価を行っています。

この点でも、本来のジョブ型とは大きく違います。

そして、人事評価は「温情評価」になりがちで、その役割から「ポストオフ（降格）」させることも困難です。このポストオフに関しては、ほとんどの企業の人事部にとって頭の痛い問題となっています。

日本版ジョブ型雇用は、経営努力の結晶

本来のジョブ型は、仕事を規定し、その仕事ができる人を採用し、仕事を任せます。ですから、経済環境やテクノロジー、経営戦略によってAという仕事がなくなれば、その仕事を担っていた人を解雇することができます。

仕事がなくなったのだから、その仕事をしていた人を解雇するのは当然という考え

方です。仕事がなくなったら、他の仕事を与えるべきと考える日本版との大きな違いです。

そして、新たな仕事が必要になれば、その仕事を規定し、報酬を決め、人材を募集し、その仕事ができると判断した人を採用し、仕事を任せます。

つまり、外部環境や経営戦略に応じて、臨機応変に人の採用・解雇ができる雇用システムが真のジョブ型なのです。

しかし、日本では先述した解雇法制の厳しさがあります。また、産業別や職種別の組合ではなく企業別組合が中心です。このような背景から真のジョブ型への移行は困難だと言えるでしょう。

私は逆に旧来のメンバーシップ型の良さも見直すべきではないかと考えています。おそらく、このような考えは少数意見でしょう。

解雇法制の緩和に関しては必要だと考えますが、臨機応変に人の採用・解雇ができる雇用システムが日本に定着するようにはどうしても思えません。むしろ中長期的な成長を志向したメンバーシップ型の利点も残すべきだと考えます。

メンバーシップ型によって働く個人の心理的安全性を担保しながら、一方で必要に応じて前向きな関係解消も可能な状態を作ること。

この一見矛盾するようなテーマを昇華させる最適解を探ることが、今後の企業経営に求められる大きな挑戦テーマだと考えています。今後もいろいろな会社で最適解を探る試行錯誤が続くことになるでしょう。

バズワードのように広がっている日本版ジョブ型雇用の正体は、社員との柔軟な「関係解消」ができないという縛りの中で、人件費の再配分を行うための苦肉の策(=日本企業の知恵)であり、経営努力の結晶だと言えるのではないでしょうか。

さて、あなたの会社では「ジョブ」や「ポスト」に報酬を払っていますか?「人」(=能力や成果)に報酬を支払っていますか?それとも能力等級と役割やポストを組み合わせたハイブリッド型ですか?

いずれにせよ、ジョブ型雇用というフレーズに惑わされずに、そもそも論でどのような評価や報酬の仕組みが「One for all, All for One」の実現に近づくのかを考えること。いまは社会的な試行錯誤のプロセスだと解釈していいと思います。

これに関しても、リアル出社かリモートワークかと同じく、人材の優秀層がどのような仕組みを望むのかが、企業の対応を決めることになるでしょう。

第3章

個人の働き方の本質

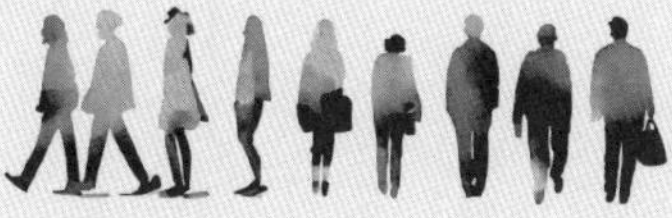

本章では、個人の働き方をより向上させるために、「働く個人」「ワークライフバランス」「キャリアデザイン」「副業・兼業」の4つについて、その本質を考えていきたいと思います。個人の働き方に関する話ではありますが、マネジメントをするうえでも有益な観点になります。

1

「働く個人」は「投資家」である

「アイカンパニー」の経営者という自己定義を持つこと

拙著『「アイ・カンパニー」の時代―キャリアを鍛える。モチベーションを高める。』（中央公論新社）を上梓したのは2003年で、すでに20年以上が経ちました。

この「アイカンパニー」とは、1人ひとりが「自分株式会社」の経営者として、企業に依存することなく、自立的かつ主体的に自らのキャリアを形成していくという考え方です。自らをあたかも1つの会社のように捉え、勤務先企業は「設立登記先」、自分の給料は「売上」、上司は自分の「株主や顧客」などと考えます。

「自立的にキャリアを形成していきましょう」などと言われるよりも、「アイカンパニーの経営者たれ」と言われるほうが、ピンとくる人もいるのではないでしょうか。

働く個人の心構え、意識、行動指針としては、いまも変わらずアイカンパニーの考え方が有効だと考えています。

いえ、20年前の当時よりも、転職が当たり前になり、働き方が多様化し、積極的に自分の仕事を選択できる時代になったことを考慮すれば、ようやくアイカンパニーの時代が来たと言えるのかもしれません。

アイカンパニーを存続、発展させていくためには、企業から選ばれ続ける必要があります。企業から選ばれ続けるためには、今後を見据えた学びを続け、スキルを磨き続けること、つまりアイカンパニーを優良企業・人気企業にすることが重要になります。

正直に言って、アイカンパニーとして成長することは容易ではありません。難度は

図表11 アイカンパニー

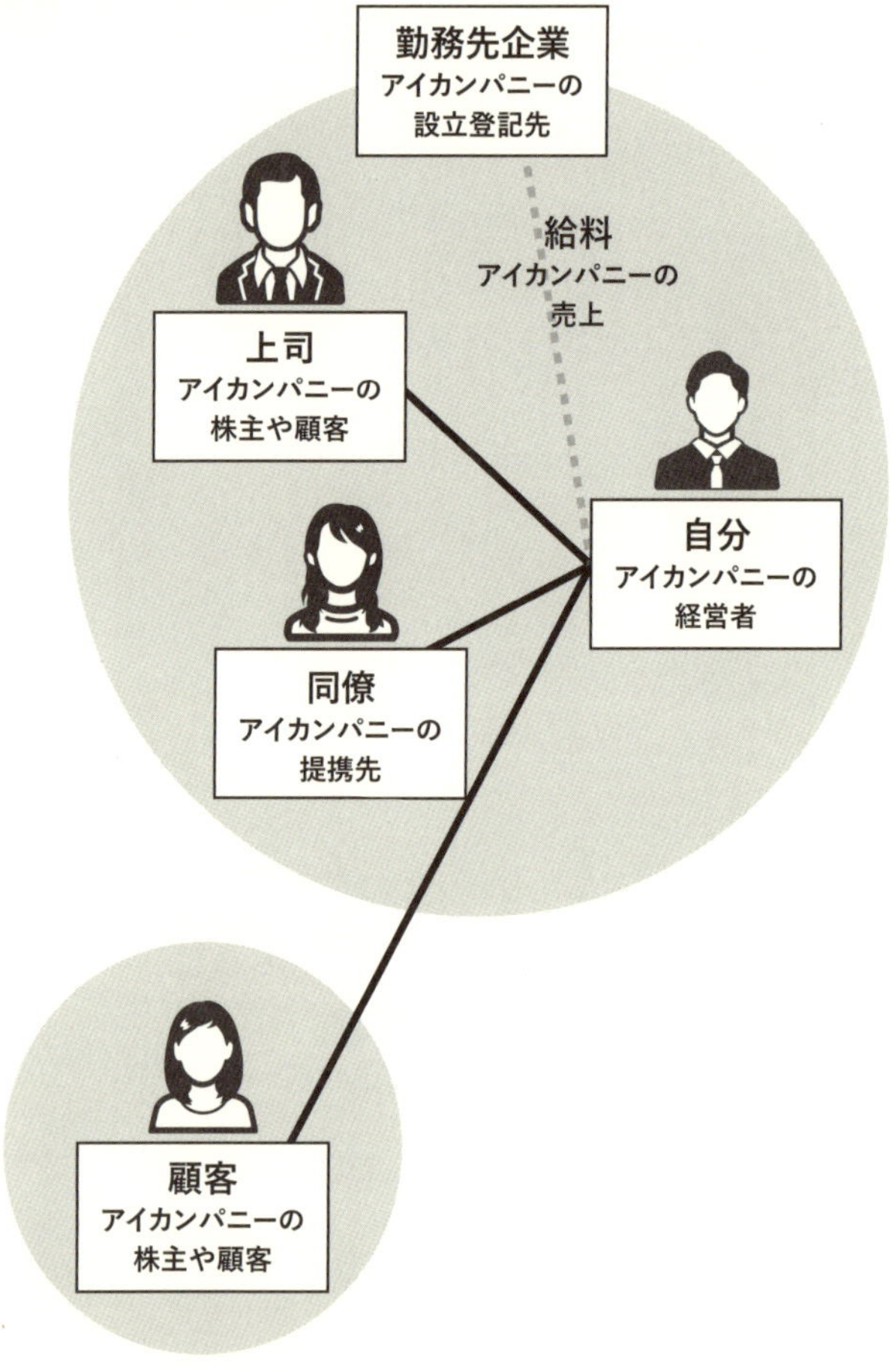

出所：筆者作成

非常に高い。それでも、自分の頭で考え、判断し、自ら行動できる人が、アイカンパニーを優良企業・人気企業にできるのです。

自己裁量が高まる働き方で大事になるのは、何よりも「自立心と主体性」なのです。

働く個人は、「時間」と「能力」を会社に供与する「投資家」である

「働く個人は、アイカンパニーの経営者たれ」というのが私の持論ですが、2008年のリーマンショックを経て、もう1つ、働く個人の本質を表す言葉が頭に浮かびました。

それが、「働く個人は、会社に対する投資家だ」という考え方です。

世界的な金融危機となったリーマンショック後、当社も業績が振るわず、厳しい経営状態に陥りました。その際、信頼していた何人かの社員が次々と辞めていきました。

社員は仲間であり、同志だと考えていた私は、それに大きな衝撃を受けます。

「厳しい時だからこそ、この危機を乗り越えるべく、一緒になって努力するのが仲間

や同志ではないのか！」

そんなことを思っていた時、まったく違う考えがふと頭に浮かんだのです。

「そうか！　社員は仲間や同志ではないのだ。働く個人は、時間、能力、経験などを会社に投資する投資家なんだ。転職するのは、投資先を変えるということなのか！」

こう考えると、それまでのモヤモヤが晴れ、スッキリしました。

働く個人は、自分が持つリソース、つまり時間や能力、経験などを会社に供与してくれる投資家なのです。

働く個人は、投資先として魅力がある会社に就職し、魅力がなくなれば退職する。そして、新たに魅力的と思える企業に転職（＝再投資）するのです。

この時間と能力の投資家という考えも、働く個人の本質の１つなのだと思っています。

逆に言えば、企業はこうした時間と能力の投資家に選ばれる必要があります。企業も働く個人を選んで採用していますが、働く個人もまた企業を選んで就職・転職しています。

現在の働く個人と企業の関係は、かつての「**縛り、縛られ合う**」**相互拘束関係ではなく**、「**選び、選ばれ合う**」**相互選択関係**であるという認識を持つことも大事なことでしょう。

2
「ワークライフバランス」の落とし穴

仕事（ワーク）と生活（ライフ）の両立は誰にとっても理想的

「ワークライフバランス」という言葉は、1980年代後半にアメリカで生まれたと言われています。日本で注目を集めるようになったのは、2000年代に入ってからではないでしょうか。

ワーク（仕事）と、ライフ（生活・プライベート）をバランスさせ、両立させるというのが、ワークライフバランスで、私もその考え方に賛成です。

ひと昔前までの日本では、男性は「男性のムラ社会」である会社に人生を捧げていましたので、かなりのワーク偏重でした。いまだにワーク偏重の男性も多いのではないかと思います。

一方、当時の女性の多くは、結婚や出産を機に会社を寿退社するのが一般的でした。これが徐々に変わり、結婚や出産後も働き続ける女性が増えてきたことで、ワークとライフ（家事・育児・趣味など）の両立が叫ばれるようになり、そのために様々な支援施策が会社に求められるようになります。

現在では、男女関係なく、仕事と生活をバランスさせて、「ＱＯＬ（Quality of Life：生活の質）」を向上させることが目指されています。

働く個人にとって、仕事も生活も大切であることは言うまでもありません。

私も、前職のリクルート勤務時代は極度のワーク偏重でしたが、現在はワークだけでなく、ライフも充実させて人生を満喫しています。

小さなバランスは大きなリスクを招く

私はワークライフバランスには賛成なのですが、ちょっと心配なことがあります。それは、**ワークとライフのそれぞれの円が小さいままバランスさせて、それで「良し」としてしまうと、その先の成長や発展の可能性が低くなってしまう**点です。円をより大きくすることができないのです。

たとえば、現在の日本人の平均年収は約460万円（国税庁・令和5年分民間給与実態統計調査）で、中央値はそれよりも低くなっています。

仮に年収300万円の人が、ワークライフバランスを志向したとしましょう。たとえば、趣味のゲームや釣りに没頭し続けたとします。

すると、そのバランスの取れた状態を継続しようとするので、年収がほとんど上がっていかない可能性が高いのです。

もし勤務先の企業が何らかの危機に見舞われ、退職を余儀なくされたら、その相対的に小さな円のバランスさえ壊れてしまいます。小さな円のバランスは、ちょっとした外部環境の変化でも、大きな影響を受けることがあります。

そして、小さな円のバランスが壊れたら、より小さな円でしかバランスを取れない可能性が高い。なぜなら、小さな円だと選べる選択肢が限られてしまうからです。そうなると趣味のゲームや釣りなどを楽しむ余裕もなくなってしまいます。

小さな円ですがバランスできたことに喜んで、そのバランスを大事にしていると、予想外のことが起きて、まったく想定外の未来が訪れるかもしれないのです。まさにアイカンパニーの経営危機です。

これがワークライフバランスの落とし穴です。

小さな円のワークライフバランスには、こうした落とし穴があるのですが、それがあまり知られていないことに、私は憂慮しています。

大きなバランスを求めるには、小さなバランスを意図的に壊すこと

それでは、こうした小さな円のバランスが壊れてしまうリスクに備えるには、どうすればよいのでしょうか。

答えは簡単で、「より大きな円のバランスにしていけばよい」のです。

たとえば、年収400万円でワークとライフがバランスしたら、それを維持するのではなく、仕事（ワーク）でより一層の努力をして年収600万円を目指します。

逆に、生活（ライフ）の円を大きくしようとしてもいいでしょう。たとえば、趣味をより充実させようとすれば、それなりにお金と時間がかかります。例を挙げると、300万円の車を買って毎週のようにあちこちにドライブする。それを実現して、車のローンを払うためにワークを頑張るというのもあり得ます。

大切なのは、**バランスした均衡状態に安住することなく、ワークでもライフでもいいので、その均衡状態を自ら壊して、どちらかの円を大きくすること**を考え、実行することです。

第1章で、マネジメントの葛藤を考える際、振り子で考えることをお勧めしました。ワークライフバランスも同じで、バランスが取れている状態は均衡状態であり、安定しているがゆえに成長に繋がらず、長い目で見れば決して良い状態ではないのです。

したがって、振り子はワークの側に振っても、ライフの側に振ってもいいのですが、常に健全な不均衡を自ら作り出すことが大事で、それが働く個人の成長に繋がります。

ワークライフバランスを「静的」に捉えるのではなく、時間の流れを意識して「動的」に捉えることができると、両方の円を大きくすることの意味が理解できるのではないでしょうか。

ただし、ワークとライフの円は、同時に一気に大きくすることは難しいので、まずはどちらかの円を大きくすることを目指しましょう。

小さな円のバランスからワーク（＝稼ぎ）を大きくする努力をして、その後にバランスさせる。それでも満足できなければ、また不均衡を作ってバランスさせる。この繰り返しです。

ワークとライフの円がある程度大きくなり、大きな状態でバランスが取れたなら、そのバランス状態を保つ戦略に転換することも考えられます。

どのくらいの円の大きさで満足するかは、人それぞれです。年収６００万円のワークライフバランスで十分な人もいれば、年収２０００万円でも物足りない人もいるでしょう。それは個人の価値観、人生観なので、自分が満足できればいいのだと思います。

私はといえば、元来が欲深い性格のためか、常に不均衡を作り、もっと両方の円を大きくしていきたいといまでも思っています。

均衡と不均衡を繰り返すことで成長、発展していくのは、個人も組織も同じです。

安定した均衡状態を自ら壊すのには勇気がいります。しかし、それを躊躇すると成長が止まってしまいます。

均衡を壊し、不均衡を自ら作ることができる人と組織だけが成長、発展できるのです。

さて、あなたはワークライフバランスを実現できていますか？

もし実現できているなら今後もそのバランス状態は続けられそうですか？

もしあなたがより大きなバランスを実現したいなら、ワークとライフのどちらの円を大きくしますか？

3 「キャリアデザイン」の幻想

キャリア＋デザインという不思議なフレーズ

「キャリアデザイン」の本質を考えるにあたって、まず、「キャリア」と「デザイン」という言葉の意味を確認しましょう。

キャリアは、「個人の職業経歴や経験」（＝「キャリア」の語源は、馬車や荷車の通ってきた道・経路）を指します。つまり過去の歩みです。

デザインは、製品などの外見を設計すること、さらに、目的を達成する、あるいは課題を解決するための全体を設計するといった意味合いでも使われます。つまり、未来です。

この2つを組み合わせたキャリアデザインは、キャリアをデザインすること、「職歴や経験を設計すること」となりますが、何か奇妙さを感じてしまいます。

私は、過去のことを設計する・計画するという、キャリアデザインという言葉に語義矛盾を感じ違和感を覚えます。そんなことが本当にできるのだろうかと。

私もそれなりにキャリアを積んできましたし、他の多くの人たちのキャリアも実際にこの目で見てきました。

しかしながら、**自分のキャリアをあらかじめ設計したり、計画したりして、その設計通り・計画通りにキャリアを積んできたという人には一人も会ったことがありません。**

「経営者になりたい」という目標を持ち、実際に経営者になった人はいます。将来の理想像をイメージし、その理想に近づけた人もいるでしょう。

ただ、そのプロセスまで明確に設計して、そのプロセス通りに目標を達成した人など、ほとんどいないのではないでしょうか。

ここで「学び」について考えてみることにしましょう。**人間にとって「学び」の原点は、言葉の習得**です。

赤ちゃんは、「おぎゃー」と第一声を発してから、様々な言葉を学んでいきます。学ぶは「真似る」から始まると言われる通り、耳で聞いた言葉を真似ながら言葉を習得していきます。

そこには、設計も計画もありません。その際、何を学んでいるかも分からず、また「この言葉を学べば、こうしたリターンがある」などと考えて、言葉を習得していく子供はいません。無意識に次々と習得していきます。

つまり、学びの原点である言葉の習得には、目的も、計画も存在しないということです。

キャリアもこれと同じように捉えてもいいのではないでしょうか。

特に、キャリアの初期は、目的を設定するのも、計画を立てるのも難しく、デザインしたところで、その通りにいくことなど、ほとんどないからです。

個人のキャリアの8割は偶発的な出来事から生じる

キャリアに関しては、「プランド・ハップンスタンス理論」という考え方があります。

1999年にスタンフォード大学のクランボルツ教授が提唱した「個人のキャリアの8割は偶発的な出来事から生じる」という理論です。

偶発性がキャリア形成に大きな影響を与えることが多々あることに着目し、偶発性を意識的にキャリア形成に活用しようという考え方です。クランボルツ教授によれば、このような考え方を受け入れて実践する人は、前向きで高いモチベーションや積極性を持つ傾向にあります。

たとえば、「たまたま、入社式で隣同士だったA君と長年付き合う親友になった」「たまたま本屋で購入したビジネス書に感銘を受け、その著者が経営する会社に転職した」「たまたま組織内で役割変更があり、これまで気づいていなかった自分の強みに気づくことができた」「たまたま出会った顧客のおかげで、自分の能力が覚醒した」「たまたま大学時代の同級生が起業し、手伝ってほしいと頼まれてスタートアップに参画した」などなど。

私自身に関しても、就職活動時にたまたま、大学の友人に勧められて会社訪問したリクルートという会社に運命的なものを感じて入社を決意したことが、キャリア人生の大きな岐路となりました。

偶発性は「セレンディピティ」とも言われます。有名な話では、3M（スリーエム）のポスト・イットの開発や細菌学者のアレクサンダー・フレミングによるペニシリンの発見などがあります。

あるスリーエムの科学者が丈夫で強力な接着剤の開発に取り組んでいたところ、マイクロスフィアと呼ばれる接着剤を発見しました。それは、粘性はあるものの、「はがすことが可能な性質」も持ち合わせていたことから、その後、これまでにない新しい機能を備えたメモやノートとして活用されることになり、大ヒットしました。

ペニシリンに関しても、細菌学者のフレミングがブドウ球菌を培養していた時に、偶然にも培養皿の中にアオカビが入ってしまいました。そしてそのカビの周りだけ細菌の発育阻止が生じていることを発見したのです。これが菌の生育を抑える成分「ペニシリン」が発見された経緯です。

これらは、別の目的で開発・研究していた際に偶発的に産出された予期せぬ成果なのです。

キャリアに関しても、「詳細にデザインできるもの」と考えるより、「偶発性にアンテナを張ろう」「偶発性を活かしたキャリアを歩んでいこう」と考えるほうが現実的です。そしてそう考えることで気持ちも楽になるはずです。「明確なキャリア目標が描けない」と悩むよりも、このような考え方を持ったほうが、結果として良いキャリアを歩める可能性が高いと私は考えています。これが、数百・数千人の経営者や経営幹部と接してきた私の偽らざる見解です。

「3つの輪」が重ならない問題の解決法

「キャリアデザインの3つの輪」と呼ばれる有名なフレームワークがあります。

3つの輪とは、「Will（やりたいこと）」「Can（できること）」「Must（やるべきこと）」の3つです。この3つの輪が重なり合う部分が、最もモチベーションが高いこと、自らの目標として定めるべきことだと言われます。

ただ、この3つの輪は、私の経験から言っても、なかなか重なり合いません。やり

図表12 「Will」「Can」「Must」を「動的」に捉える

STEP1

「Must(やるべきこと)」の
輪に向き合う

STEP2

「Can(できること)」の
輪を大きくする

STEP3

「Must」と「Can」の
輪が大きくなり、
2つの輪が重なってくる

STEP4

「Will(やりたいこと)」が
頭の中に浮かび上がり、
3つの輪が重なり始める

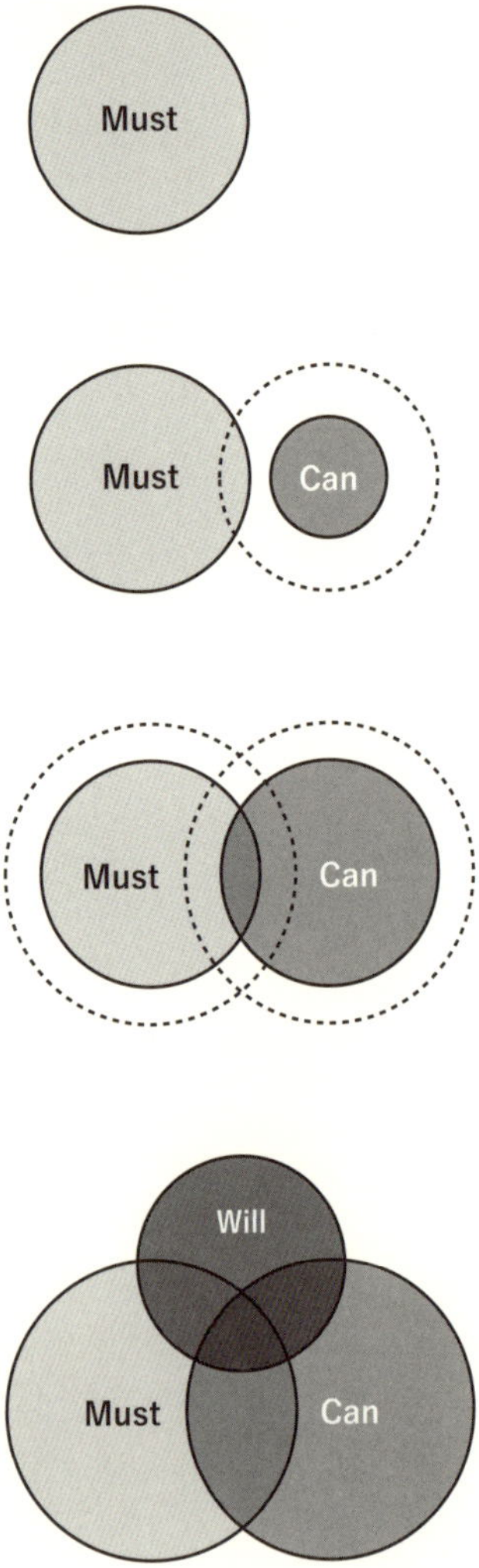

出所：筆者作成

たいことがあったとしても、やるべきことに追われ、なかなかできるようにはなりません。

この3つの輪も、小さいと重なり合わないので、大きくする必要があります。

これに関しても、3つの輪を「静的」に捉えるのではなく、「動的」に捉えるほうが現実的です。キャリアの初期は、「Must（やるべきこと）」に、とにかく集中することです。給料をもらうプロフェッショナルの端くれとして、やるべきことに集中し、できることを増やしていくことに心血を注ぎます。

まずは「Must」の輪に向き合い、徐々に「Can（できること）」の輪を大きくする。そうして「Must」と「Can」の輪が大きくなり2つの輪が重なってくると、ある時「Will（やりたいこと）」が頭の中に鮮明に浮かび上がってきます。ここまで来て、ようやく3つの輪が重なり始めるのが現実ではないでしょうか。

人は「右肩上がりの直線」ではなく「階段状」に成長する

最近は、個人のキャリアデザインのために「配属先限定採用」や「配属地域限定採用」を打ち出す企業が増えています。「Ｏｎｅ」に対して「Ａｌｌ」が寄り添う施策の１つです。

私たちも一部のＩＴエンジニアのみ配属先限定採用を行っていますが、極端に言えば、「配属は、ポーカーで最初に配られる5枚のカードにすぎないよ」と伝えるようにしています。「配属ガチャ」と批判されそうですが、次のように説明すると納得してくれます。

配られた5枚のカードを交換（＝自己選択）していく中で、フルハウスやフォーカード、ロイヤルストレートフラッシュといった役を作っていくのがキャリア。そこには先に述べた偶発性も加わります。仮に配属先限定採用で希望通りに配属されたとしても、それは最初のワンペアにすぎません。それに満足してしまえば、それ以上の役を作ることはできなくなるでしょう。

やはりキャリアの初期には、とにかく「Ｍｕｓｔ」に正面から向き合うことが大切で、やるべきことをやり続けていると、鉄棒の逆上がりが、ある日突然できるようになるのと同じように、できなかったことができるようになります。逆上がりが「少しずつ、だんだんできるようになった」人などいないでしょう。できない状態でも必死に鉄棒を胸に引き寄せ、手に豆を作りながら一生懸命に努力しているうちに、ある時、ふっと体がコツを覚えたように逆上がりができるようになる。自転車に乗ることや泳ぎを覚えた時も似たような感じではないでしょうか。

あるいは、「Ｍｕｓｔ」の仕事で崖っぷちに追い込まれ、そこに1人で立たされた時、できなかったことが突然できるようになるということもあります。

成長線は、右肩上がりのなだらかな直線にはならず、真横に進み、ある時突然上に上がります。坂道を上るように成長するのではなく、階段を上るように、カクン、カクンと段を上がって成長するのです。

こうした成長を実際に経験すると、なかなかできるようにならないことでも、「ある時突然できるようになる」と信じる気持ちが芽生えてきます。

図表13 人は「階段状」に成長する

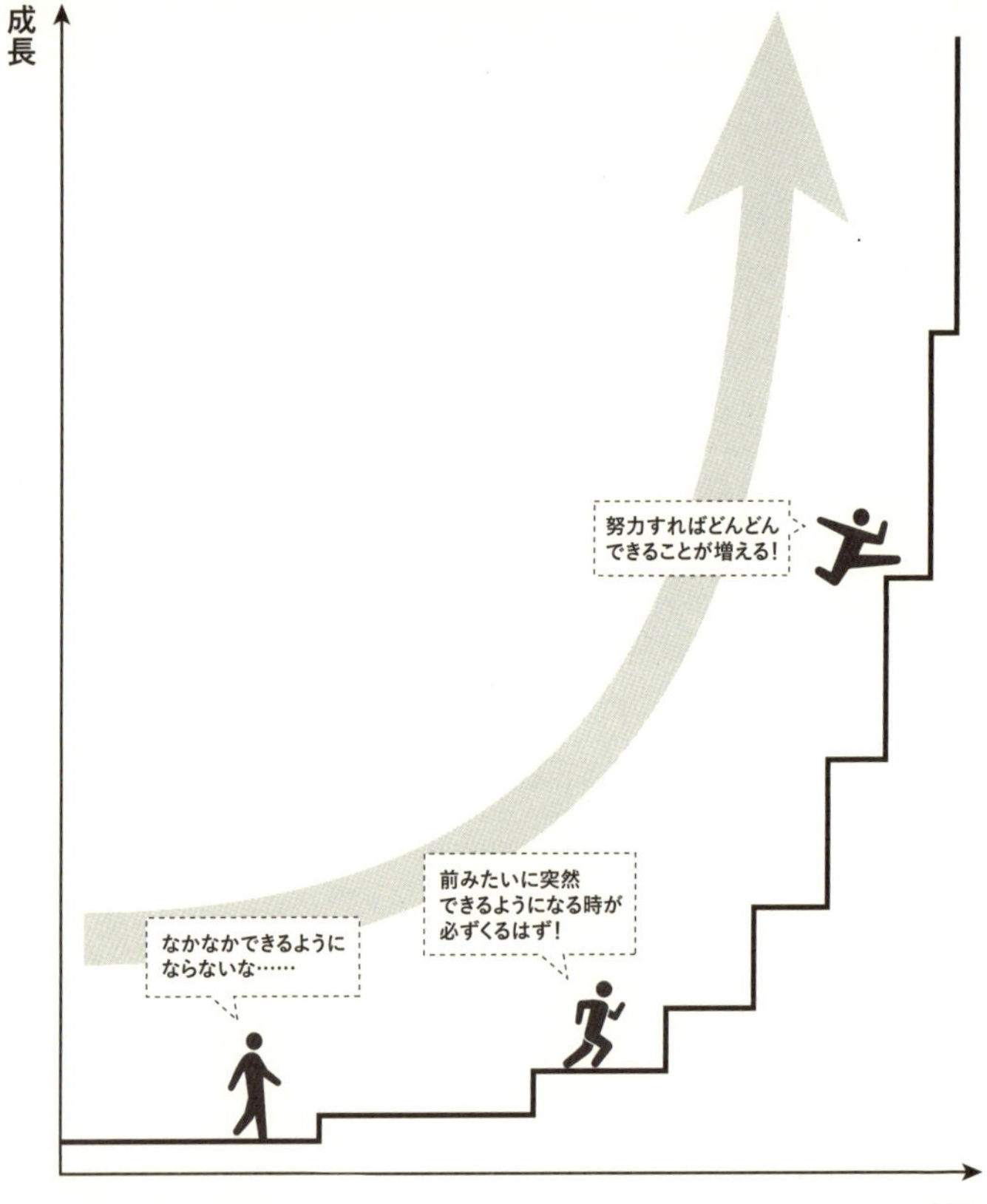

出所：筆者作成

そして、一度こうした成長体験をすると、信じて努力できる分、次の一段を上がるまでの期間が短くなります。そのまた次の一段を上がるまでの期間はさらに短くできます。

こうなるとしめたもので、次々とできることが増え、急速に成長することができるようになるのです。

こうして「Ｍｕｓｔ」にひたすら取り組み、「Ｃａｎ」が増えてくると、「Ｍｕｓｔ」の輪と「Ｃａｎ」の輪が大きくなり重なり始めます。あとは、「Ｗｉｌｌ」が生まれるのを待つだけです。それは、歯磨きをしている時かもしれませんし、最寄りの駅に向かって歩いている時かもしれません。あるいはお風呂に入っている時かもしれません。とにかく、「Ｍｕｓｔ」の輪と「Ｃａｎ」の輪が大きくなり重なり始めると不意にワクワクするような「Ｗｉｌｌ」が起動するというような感覚でしょうか。

私の場合は、入社後、人事部に配属され一生懸命に新卒採用と人材育成の仕事に向き合い、それらを一人前にできるようになり、チームを率いるようになった時、「コンサルティング事業を立ち上げよう」という「Ｗｉｌｌ」が、ポンと生まれました。

その時は、会社からの評価を気にすることもなく、「これは自分がぜひやりたいことだ」と確信できたので、挑戦する道を選びました。

入社当初から、コンサルティングに興味があったわけではまったくありません。目の前の仕事に全力で取り組み、応募学生やお客様の声に耳を傾け、どこに課題があるのかを考え、その課題を解決する方法がないかと日々探し続けていました。するとある時、リクルート初の「コンサルティング事業を立ち上げたい」という強い「Ｗｉｌｌ」が芽生えたのです。

こうした経験からも、キャリアは詳細にデザインできるものではなく、自分の頭で考え、自立的・主体的に行動していく中で徐々に広がり、時には偶発性にも前向きに対応していく中で構築していくものだと考えています。

「自分探し」ではなく「自分創り」に注力を

キャリアがデザインできるものではないという前提に立てば、自立的・主体的に自らのキャリアを形成していくアイカンパニーの考え方が役に立つと思います。

アイカンパニーのビジョンは何か。競争優位性は何か。課題は何か。狙うべき市場はどこか。どのような戦略、戦術で戦うか。

会社を経営するような感覚で、自分の存在価値を高めていく意識と意志を持てば、実際にアイカンパニーを繁栄させる行動に繋げることができるでしょう。また、そのようなスタンスを持っている人ほど、偶発的なチャンスや幸運に恵まれるのだと思います。

働くことを、生活費を得るための手段などと小さく見積もるのではなく、アイカンパニーを成長、発展させていくための投資であると考えるのです。

キャリアがデザインできると考えることの弊害の1つとして、「どうしてもキャリアデザインができない」と悩む人たちを大量に生んでいることがあります。

キャリアがデザインできるという前提に立てば、それができない自分は「ダメなやつ」に思えるでしょう。こうした人たちが迷い込むのが、「自分探し」です。

ただ、いくら探しても本当の自分など見つかりません。

自分にとって最高の環境、理想の環境を求めて、転職を繰り返す「環境探し」に明け暮れる人もいます。こちらも、どんなに転職を繰り返したところで、100%満足できる環境など、まず見つかりません。

また、もったいないのは、できるようになる前に諦めてしまう人。突然逆上がりができるようになる前に、「自分には、逆上がりは向いていない」などと言って努力をやめてしまうことです。仕事も同じで、早々に見切りをつけて辞めてしまうのは本当にもったいないことだと思います。

「石の上にも3年」などと言うつもりは毛頭ありませんが、とにかく自分なりにやり切ってみてから「適性/不適性」を見極めたほうがいいでしょう。

もちろん、成長の最初の1段は高く感じられるものですが、その1段を上がれれば、成長を実感できますし、その1段分、見える景色も変わります。

自分探しや環境探しをするよりも、自分を成長させる「自分創り」や「自分磨き」に注力したほうが、アイカンパニーを繁栄させる道を開くことになるのだと思います。

4 「副業・兼業」の是非

副業・兼業を求める表の理由と裏の理由

ひと昔前までは、大半の企業で「副業・兼業」は禁止でした。本業で毎日夜遅くまで残業し、土日も休日出勤や接待ゴルフだった時代には、副業や兼業をする時間はありませんでした。そのため、働く個人も、副業・兼業をしたいなどとは、つゆほども望んでいませんでした。

こうした意識が大きく変わったのは、労働時間が短縮されたからでしょう。

かつては1日8時間労働で、月20日出勤、12カ月間働くと、年1920時間になります。

日本の現在の年間労働時間は約1600時間ですから、以前よりも300時間以上少なくなったことになります。もちろん、パートタイマーや短時間正社員なども含めての数字なので、一般的な正社員に限れば、1600時間以上働いている人が多いとは思います。

いずれにしても、労働時間の短縮によって、本業とは別の副業や兼業ができる時間が、近年、働く個人に生まれたことは間違いありません。

こうした時間を活用して、本業以外の仕事をすることにより、スキルアップを図ったり、仕事の幅や人脈を広げたり、地域に貢献したりしたいというニーズが働く個人に生まれます。

これが、働く個人が勤務先の企業に副業や兼業の許可を求める表向きの理由だとしたら、残業代や休日出勤手当などがもらえなくなり、本業以外でも稼ぎたい、稼がないと生活が苦しいという人が一定数いるのも現実です。

それを裏付けるのが、スキマ時間にアルバイトができるマッチングサービスの隆盛です。

この分野のパイオニアであるタイミーは、２０２４年7月に東証グロース市場に上場し、経営者が20代と若いこともあって注目を集めています。

「スポットワーク」という新しい言葉も生まれ、ＬＩＮＥヤフーやメルカリもこのスポットワーク市場に参入しています。

サービス業は、飲食業、ホテル・旅館業、流通業など、非常に幅広い産業ですが、その幅広いサービス業全般で人手不足が深刻な問題となっているため、短時間でも働いてくれる人を1人でも多く集めたいというのが、アルバイトを募集する企業側の事情です。

「良い副業・兼業」と「悪い副業・兼業」

働く個人が、副業・兼業を求める理由を確認したところで、次に、なぜ企業が副業・兼業を認めるようになったのかも確認しておきましょう。

まず、人口減少により労働力人口の減少が見込まれています。転職が当たり前にできるようになり、人材の流動化も進みました。こうしたことから、「Ａｌｌ」と「Ｏｎｅ」の力関係で言えば、全体的には、「Ｏｎｅ」のほうが「Ａｌｌ」よりもパワーを持ち始めています。

企業が働く個人に寄り添うために、社員の離職を避けるために、多くの企業で副業・兼業を認める制度の導入が進んでいるのです。もちろん、本業の競合、ライバル企業での副業・兼業は禁止です。

実際に副業・兼業を認めた企業では、副業・兼業を通して社員の視野が広がり、スキルアップや別のスキルの習得に繋がるなど、メリットを感じているケースがあります。

その一方で、副業・兼業を行っている社員が疲弊してしまい、本業の業務に差し障りが出るなど、デメリットを感じている企業もあります。

副業・兼業も含めた労働時間管理は本業の企業に求められるため、その作業に人と時間が割かれることも、企業にとっては小さくない負担でしょう。

私は、副業・兼業には、「良い副業・兼業」と「悪い副業・兼業」があると考えています。

良い副業・兼業とは、自分の知識やスキル、能力、経験知を上げることに繋がる副業・兼業。悪い副業・兼業とは、目先のお金のためだけに働く副業・兼業です。

働く個人は時間と能力の投資家だと述べましたが、目先のお金のために自分の時間を切り売りするだけだと、将来の可能性を狭めることになってしまいます。

アイカンパニーの成長、発展に繋がる副業・兼業こそ、良い副業・兼業であり、やるべき副業・兼業だと考えています。

本業の3つの輪と重なるかで是非を判断する

では、具体的にどのような副業・兼業が、自分にとって良い副業・兼業なのでしょうか。

それは、本業における3つの輪のどこかに重なるような副業・兼業です。

本業の3つの輪にまったく重ならない副業・兼業を行っても、アイカンパニーの成長、発展には繋がらないからです。

逆に、本業の3つの輪に重なる副業・兼業であれば、重なった輪をより大きくすることに繋がります。

事務的な仕事が本業の人が、ウーバーイーツに登録して自転車で配達をしても、本業の3つの輪に重ならないので、あまり良い副業・兼業とは言えませんが、アスリートがやるのなら、重なりがあり、良い副業・兼業となるのかもしれません。

企画系の仕事が本業の人が、地域の町おこし事業や課題解決を支援するといった副業・兼業を行うのであれば、本業の3つの輪と重なる部分があるでしょう。

スポーツ選手が、そのスポーツを子供たちに教える、一緒にスポーツをやるといったイベントが行われています。これに似た形で、自分の専門分野のことを子供たちに教える、一緒にやるような副業・兼業も、本業の3つの輪に重なりそうです。

一見すると、3つの輪と離れた副業・兼業のように思えますが、子供に教えようと思うと、普段何気なくやっていることの意味や真意を考えますし、どうすれば面白さが子供たちに伝わるかも真剣に考えるでしょう。何よりも子供たちの反応が自分の「Will」に大きな刺激を与えてくれる可能性があります。

働く個人にとって良い副業・兼業は、その働く個人の勤務先企業にとっても良い副業・兼業となります。

したがって、副業・兼業を認めるかどうかを審査する際に、３つの輪と重なりがある副業・兼業か否かを基準に可否を判断すると、社員にもメリットがあり、企業にもメリットがある、Win－Winの副業・兼業だけを認めることができます。

副業・兼業の可否をこのように決めることにより、社員の成長に繋がらない副業・兼業を防ぐことができますし、企業としても、社員が疲弊して本業に支障をきたすような最悪の事態も避けられます。

さて、あなたの会社は、副業・兼業を認めていますか？
あなたは、副業・兼業をすることを考えたことはありますか？
もし考えたことがあるなら、その仕事は３つの輪のいずれかに重なりますか？

目先の小さなメリットに惑わされることなく、アイカンパニーの成長、発展という視点から自分なりの最適解を求めてみてはいかがでしょうか。

第4章

組織変革の本質

本章では、「自律分散型組織」「パーパス経営」「ダイバーシティ」という、近年の3つのトレンドを通して、組織変革の本質について考えていきます。また、最後に「組織変革のメカニズム」についても解説したいと思います。

1

「自律分散型組織」の限界

これまでの組織からVUCAに対応できる組織へ

『ティール組織―マネジメントの常識を覆す次世代型組織の出現』(フレデリック・ラルー著、英治出版)は、日本で2018年に刊行されると大きな反響を呼び、10万部を超えるヒットとなりました。

これまでの組織が上意下達のトップダウンで動くピラミッド型組織だとすれば、ティール組織は上下関係がなく、個人が自律的に動いて連携するフラットな組織です。

他にも類似の組織形態があり、それらの総称として、本書では「自律分散型組織」と呼びたいと思います。

たとえば、類似の組織形態には次のものがあります。

1：「ティール組織」

「自主管理」「全体性」「進化する目的」の3つの原則に基づき、メンバーの自律性と組織の目的の調和を重視する。階層構造を最小限に抑え、チームの自己組織化を促進する。

2：「ホラクラシー（Holacracy）型組織」

明確な役割と責任を定義し、権限を分散させつつ、組織全体の目的に沿った意思決定を促進する。定期的な会議で役割や責任を見直し、適応性を高める。

3：「ネットワーク型組織」

小規模チームを編成し、自律的に運営する組織。各チームが責任と権限を持ち、連携と学習を通じて迅速な対応とイノベーションを促進する。

名称はそれぞれ違いますが、こうした自律分散型組織がいくつも考案され、実践されている背景には、企業がＶＵＣＡへの対応に迫られていることがあります。これまでのピラミッド型組織では、環境変化に迅速に対応できないという危機感があったからです。

働き方改革の流れに乗り、多様な人材や多様な働き方に柔軟に対応するために、自律分散型組織に取り組む企業もあれば、従業員１人ひとりの創造性や意思決定能力を活かすことで、組織全体のイノベーション力を高めることを目的に自律分散型組織に取り組んでいる企業もあります。

自律分散型組織には「人数の限界」がある

激変する環境変化に迅速に対応するために、組織の意思決定と活動自体のスピードを上げたい、そのために組織を変革しなければならないという考えには、私も同意します。

ただ、その答えが自律分散型組織だとは私は思いません。

なぜなら、第1章でも述べたように、こうした自律分散型組織がその効力を発揮できるのは、せいぜい20～30人までの組織だと考えるからです。

組織の本質は、人の数にあるのではなく、関係性のレベル、つまりその組織がどれだけ効果的に成果に向けて機能するかです。そして、そのポイントとなるのは「人数の多さ」ではなく「関係性の本数」です。

関係性が増えれば、それだけ組織の複雑性が増します。複雑性が増せば、それを解消するためにコミュニケーション量を増やさなくてはならなくなります。

1000人の自律分散型組織には、1000人×999人÷2＝49万9500本もの関係性があり、物理的にコミュニケーションが取れない人たちだらけになります。そうなると共通の目的に向けた協働は不可能となります。

私は第1章で、組織の成立要件として「共通の目的」「協働意思」「コミュニケーション」の3つを挙げました。このうちの1つ、コミュニケーションが大幅に不足するということは、組織として成立しなくなるということです。

一般的に1人の人間が管理できる適正人数（スパン・オブ・コントロール）は8人まで、多くても10人までと言われています。

リーダーと10人のメンバーの関係性が10本。10人のメンバー同士の関係性が、10人×9人÷2＝45本。合わせて55本の関係性を把握するのが1人の人間の限界なのかもしれません。

自律分散型組織であれば、20人であっても、20人×19人÷2＝190本の関係性となり、1人の人間の限界をはるかに超えてしまいます。よほど優れた人たちばかりを集めたとしても、自律分散型組織は成り立たないことが、このことからも明白です。

実験的に自律分散型組織にチャレンジしたグーグルは、早々に自律分散型組織をやめました。その理由は、「マネジャーは非常に重要な役割であり、従業員の業績に大きな影響を与える」という結果が出たからだそうです。そして、グーグルにおける有能なマネジャーについて調査した結果、「生産性が高く、結果を重視する」「決断力がある」「キャリア開発をサポートし、パフォーマンスについて話し合う」などの要件が見つかりました。つまり、**業務の効率化や意思決定における責任の明確化、メンバー**

の人材育成などのためには、マネジャーという結節点の存在が欠かせないということでしょう。

実際に私たちの出資先であるベンチャー企業の多くが、一時期、自律分散型組織への転換を試みました。ところが、組織内に指示命令系統の大混乱が生じて、すべての企業で自律分散型組織化は頓挫しました。経営者の当初の理想と目の前に訪れた現実とのギャップが大きかった事例の1つです。

なぜ意思決定のスピードが上がらないのか？

私は、協働システムの観点から、20人以上の組織であれば、自律分散型よりもピラミッド型組織のほうが、組織の意思決定のスピードが速いと判断しています。

それは、マネジャーには「関係性の数＝組織の複雑性を縮減する結節点」としての重要な機能があるからです。

しかし実際には、組織としての意思決定になかなか至らず、決まったとしてもなかなか組織の隅々にまで伝わりません。当然、活動開始もそれに伴って遅くなります。ですから、経営者をはじめとする経営層が、自律分散型組織に飛びつきたくなる気持ちはよく分かります。

では、自律分散型組織以外に、組織の意思決定と活動のスピードを速める方法はないのでしょうか。

私はやはり、組織のコミュニケーションの結節点を担うマネジャーに解決の糸口があると見ています。

現代のマネジャーは、あまりに忙しすぎるのです。そのため、コミュニケーションの大事な結節点で目詰まりが起き、情報の流れが悪くなり、組織のいたるところで情報が滞留してしまっています。これでは、組織の意思決定と活動のスピードが上がりません。

マネジャーが多忙を極める要因には、大きく3つあります。

1つが、プレイングマネジャーとして、プレイヤーの役割とマネジャーの役割の両方を担わなければならない場合が多いこと。一人2役で多忙となり、結果的にマネジャーが疲弊してしまうことです。

そして、何とかプレイヤーとマネジャーの2つの役割を担うことができるマネジャーにも、2つ目の要因が襲いかかります。それが、「メンバーに浸透させなくてはならないテーマ」の多さです。

メンバーに浸透させなくてはならないテーマが次から次へと下りてくるため、その対応で多忙を極めているのです。浸透させなくてはならないテーマとは、たとえば、パーパスや中期経営計画、各部署の方針と年間計画、コンプライアンス、ハラスメント、労働時間管理などなど。

また、3つ目の要因として、こうしたテーマを浸透させなくてはならないメンバーが多様化していることもあり、マネジャーをさらに多忙にさせています。自分と年齢差（上も下も）が大きいメンバーもいれば、価値観が異なるメンバーもいることでしょう。リモートワークなどで働き方も多様化しているため、熱量もなかなか伝わりにくい。

多様なメンバーに合わせてコミュニケーションのタイミングを変えるだけでなく、

コミュニケーションのスタイルを1人ひとりに合わせて変える必要もあり、マネジャーは複雑な対応を迫られているのです。

マネジャーの負荷を低減する3つの方法

組織の意思決定と活動のスピードアップを図るためには、こうしたマネジャーの負荷を減らすことが重要になります。

そのための方法はいろいろと考えられますが、ここでは3つ紹介しましょう。

1つ目が、「共通言語の活用」です。言葉の本質的な機能は、情報共有コストの低減にあります。組織内に共通言語を根付かせることができれば、多くの説明が不要になり、それだけ意思疎通が容易になります。

たとえば、商品の価格設定には3種類あり、それは「コストベース」(＝原価から逆算して価格を決める)、「マーケットベース」(＝市場の相場に合わせて価格を決める)、「バリューベース」(＝顧客が受け取る利得を基準に価格を決める)という共通言語

（＝共通認識）があれば、「今回の新製品は、バリューベースで価格を決める」というマネジャーの説明をメンバーはスピーディーに理解できるでしょう。このように組織内に様々な共通言語を浸透させておくとマネジャーの負荷は大幅に低減できます。

2つ目が、「情報伝達の中抜き」です。経営トップからマネジャーを通してメンバーに伝達するのが情報伝達の基本ルートですが、すべての情報を基本ルートで伝える必要はないでしょう。経営トップから直接、メンバーに伝えたほうが有効な情報もあります。

情報伝達の基本ルートと情報伝達の中抜きの両方を併用することで、マネジャーの負担を減らすことができます。

ＩＴが発達した現代では、トップから直接メンバーに情報を伝達する方法は、メール、イントラ、動画配信をはじめ、いろいろとあります。それらを有効に活用すれば、一方通行の情報伝達だけでなく、メンバーからのレスポンスを経営トップが直接受け取れるという利点もあります。

ある大手総合商社の役員は、経営陣から社員へ直接情報を発信しても、社員がそれを見ないと嘆いていました。おそらく社員は経営陣が遠い存在に感じられ、自分にとって価値ある情報が送られてきたと思わないのでしょう。ですから社員の気を引くようなタイトルやトピックを経営陣が一定の頻度で発信する取り組みが必要になります。ただ、情報伝達の中抜きをやりすぎると、マネジャーの存在価値を奪うことにもなりかねません。マネジャーを通じて送る情報と全社員に直接送る情報を分けるなど、マネジャーへの配慮も怠らないことです。

3つ目が、「信頼の構築」です。マネジャーへのメンバーからの信頼、周囲からの信頼が高まれば、少ない言葉、少ない時間で深いコミュニケーションが取れます。なぜなら「**信頼は最大のコスト削減であり、時間短縮**」だからです。

マネジャーの信頼の構築は、もちろんマネジャー本人の努力が必要不可欠ですが、経営トップが信頼を裏打ちすることもできます。経営トップがお墨付きを与えたマネジャーは、メンバーからの信頼度が高まります。別の言い方をすれば、そもそもメンバーや周囲からの信頼度が高い人材をマネジャーに登用すること。これが最初の一歩であり、大前提となるのです。

マネジャーの負荷を低減することができれば、情報の伝達スピードが上がり、意思決定と活動自体もスピードアップします。VUCAに対応できるまでにスピードを上げるのは、簡単なことではありません。しかし、できないことでもありません。

私は、自律分散型組織を全面的に否定するつもりはありません。ただ、その実現性よりも、現状のピラミッド型組織での意思決定と活動のスピードアップ、そのためのマネジャーの負荷低減のほうが、はるかに現実的だと判断しています。このことは、皆さんの組織にも当てはまるのではないでしょうか。


あなたの組織ではマネジャーが有効に機能していますか？

マネジャーのあまりに忙しそうな様子を見て、報告や相談を躊躇《ためら》ってしまうことはありませんか？

あなたの組織では共通言語が浸透していますか？

あなたの組織では経営陣からの直接のメッセージが届いていますか？

あなたの組織のマネジャーは、メンバーや周囲から信頼されていますか？

「なぜ、あの人がマネジャーに？」と疑問を感じることはありませんか？

自律分散型組織が一時期流行したことは、組織の複雑性を縮減する結節点としてのマネジャーの重要性を改めて考えさせられた絶好の機会となったのです。

2 「パーパス経営」の成否

なぜいま、パーパスが求められるのか？

近年、「パーパス経営」が組織変革を促す新たな経営手法の1つとして脚光を浴びています。パーパスは直訳すれば「目的」ですが、パーパス経営においては、「企業の社会的な存在意義」となります。

企業理念、ミッション（使命）、ビジョン（理想の姿）、バリュー（行動指針）などと近い概念ですが、パーパスのほうがより社会性を重んずるものと言われています。

そんなパーパスですが、なぜいま、策定が求められているのでしょうか。

企業の社会的責任（CSR）やESG（環境・社会・ガバナンス）、SDGs（持続可能な開発目標）などが広く浸透し、企業の社会的な存在意義を問う傾向が年々強まってきたという背景がまずあります。

投資家が、こうしたESGやSDGsの指標をもとに投資先を決めるようになり、企業としては投資家の支持を得るために、パーパスの策定に動いている面も否めません。

また、これからの時代を担うミレニアル世代やZ世代が、お金や地位などに加えて社会的意義や社会貢献を重要視する傾向があることも、企業のパーパス策定に影響を与えていることは間違いないでしょう。

ミレニアル世代やZ世代は、社員として企業のこれからを担う世代であるとともに、消費者の中心となっていく世代でもあります。こうした世代からの支持を得るために、パーパスの策定に取り組む企業も少なくありません。

一般社員にとってパーパスは遠い存在

このような時代背景、投資家、若い世代からの要請に応える形で、多くの企業がパーパスを策定し、その社内外への浸透に力を入れています。

しかし、社員数の多い大企業ほど、パーパスの社内浸透に苦労しているのが現状です。

なぜなら、策定されたパーパスに共感を示さない社員が多いからです。

そこで、経営サイドはパーパスを社員に浸透させるために、近年はありとあらゆる施策を実施しています。しかし、それが裏目に出て、共感どころか社員に「強制」と受け取られる事態に陥っている企業もあります。

「会社がしつこく言うから、パーパスに合致した取り組みを自分たちも始めざるを得ない」

このような意識で、社員の活動が後ろ向きになっている企業も散見されるのです。

パーパスは本来、パーパスに共感するメンバー1人ひとりが、自発的にパーパスに合致した取り組みを行うものなのですが、残念ながら、そうはなっていません。

形式的な対話が現場のコストを増大させており、浸透施策は経営の自己満足でしかなく、残念ながら現場の意識変革にも繋がっていません。

ここで、有名なレンガ職人の寓話を紹介しましょう。


ある旅人が、レンガを積んでいる3人の職人に「何をしているのですか？」と聞きました。

1人目は「見れば分かるだろう。レンガを積んでいるんだ」と答えます（＝行為レベル）。

2人目は「教会を造っているんだ」と答えます（＝目的レベル）。

3人目は「地域の人々の心を癒やしたいんだ」と答えます（＝意義レベル）。

パーパスは、社員全員が3人目の意義レベルに達することを目指して策定されますが、多くの社員は日常の行為レベルの意識しか持てず、パーパスは遠い存在です。

図表14 レンガ職人の寓話

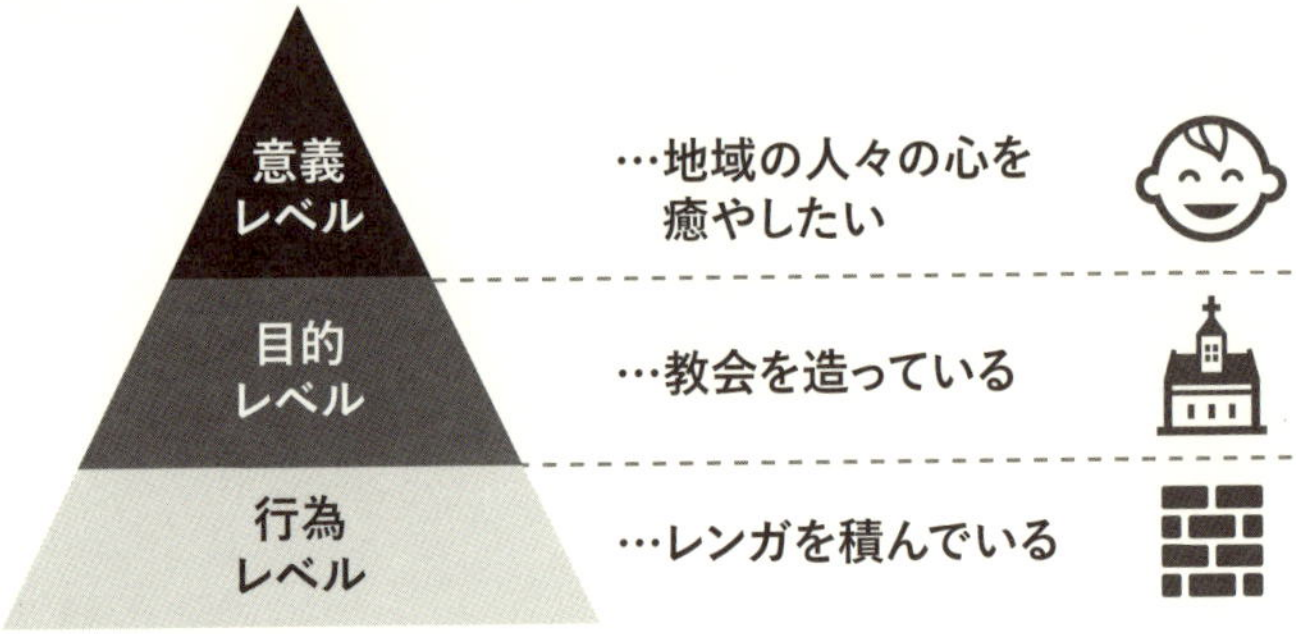

出所：筆者作成

しかもパーパスは、社員からしてみれば、突然策定されたと同時に、自分が関与もしていないものなので、それに共感しろと言われれば言われるほど、逆に「何で共感しなければいけないのか？」と自分ごと化するのが難しい。

パーパスに共感してその企業に入社した人でさえ、日常業務に追われていると行為レベルの重力に引っ張られ、次第に意識が下がっていくものです。

日常の業務を繰り返している社員からすると、パーパスはとても高尚なものに見え、現場の仕事からはるか遠くのものと感じます。そんな社員にいくらパーパスへの共感を促したところで、上手くいくはずもありません。

パーパスと業務の接続度を高めるのはマネジャー

では、パーパスを遠い存在に感じている社員に、パーパスを身近に、自分ごとに感じてもらうためにはどうすればよいのでしょうか。

重要なのは、「行為レベル」と「意義レベル」の中間にある「目的レベル」を意識させ、繰り返し伝え続けることです。それが意義レベルへの扉を開くカギとなります。日常の仕事（行為レベル）→従事する事業（目的レベル）→会社のパーパス（意義レベル）というようにはしごを順々に上がっていくようにできれば、パーパスへの接続度が格段に高まります。

この行為レベル→目的レベル→意義レベルを実現するために、重要な役割を担うのも、やはりコミュニケーションの結節点となるマネジャーです。

現代はＶＵＣＡの時代ですから、新しく生まれる事業、逆に衰退して消えていく事業など、栄枯盛衰のサイクルが速くなっています。入社後に所属した事業部が、数年後にはなくなっていることも珍しいことではありません。

しかし、事業の表面的な側面がどんなに変わっても、変わらないのがパーパスです。日常の仕事（行為レベル）と従事する事業（目的レベル）が日々変化し続けても、それらをマネジメントするマネジャーが、変化に上手く対応しながら、いかに事業を会社のパーパス（意義レベル）へと繋ぎ続けるか。この取り組みが最も重要になるのです。

マネジャーが事業をパーパスに繋げ続けることができた時、メンバーはパーパスを身近に、自分ごとに感じるようになるでしょう。そして、それが共感へと変わっていきます。

最近では、パーパスの策定に関わっていなかったメンバーに、策定のプロセスを追体験してもらうイベントや、部署ごとに日常の仕事と会社のパーパスを接続させて再解釈するような研修など、それらの企画や運営に関する当社への依頼が実際に増えています。

私がリクルートに新卒で入社して数年後に、世の中を騒がせることとなったリクルート事件が起こりました。この事件は、有力な政治家や官僚に未上場子会社（リクルートコスモス）の株式を「濡れ手に粟状態で配り、結果として株式公開したことで多額の利益供与を行った」贈賄事件として立件されました。当時はメディアに半年以上も激しくバッシングされ、胸に社章を付けて電車に乗ることさえはばかられるような状況でした。顧客先では暴言を浴びせられ、社内では嫌がらせ電話の対応に追われ、社員はみな自信を失っていました。

そこで誰が言い出したのかはいまとなっては不明ですが、自分たちの仕事の意義を問い直そうというプロジェクトが立ち上がりました。当時のリクルートのビジネスは、行為レベルでは「個々の企業に求人広告を売ること」、目的レベルでは「求人情報を集めて求職者に届けること」でした。そして意義レベルの「仕事の選択肢の多い世の中を創る」が、腹落ちした瞬間に、私自身、リクルート事件で失った自信を取り戻し、もう一度前向きに頑張る気持ちが生まれたことをいまでも鮮明に覚えています。

パーパスは「最適人材」を惹きつける磁石

パーパスを策定する目的は、自社の社会的な存在意義を明確にすることであり、パーパス経営は、その社会的意義に従って経営することです。

そのためには、社員全員が自社のパーパスに強く共感することが理想ですが、先述した通り、それは簡単に実現できることではありません。

パーパスがなかった時代に入社した社員にとって、パーパスは唐突に共感が求められるようになったものなので、すぐに共感できる社員がいる一方、いつまで経っても共感できない社員もいるのが実態でしょう。

しかし、パーパス策定後に入社した社員は違います。働く個人として、時間や能力の投資家として、自分にとって魅力のある企業を選んで就職しています。パーパスに共感して入社しているのです。

パーパスは、時代が急激に変化しても変わりません。表面的な事業の「形」が変わっていってもパーパスは変わりません。

パーパスに強く共感して入社した社員は、環境変化や事業変化があったとしても、「パーパスのために働く」というモチベーションを保ちながら働き続けることができます。

こうしたパーパスに強く共感してくれる社員は、その企業にとって目的を同じくする「最適人材」にほかなりません。最適人材を自社に引き寄せるのがパーパスなのです。

日本の人口減少は今後もさらに進み、それに伴い労働力人口も減少が見込まれます。日本企業の多くは、今後、業界に関係なく人材難に陥ることになるでしょう。

そんな時も、パーパスには、採用段階から人を惹きつけ、社員のモチベーションを高く維持する効果があります。1つのパーパスに共感する人たちが集まる組織は、間違いなく強い。

「この指とまれ」ではなく、「このパーパスに集まれ」というのがパーパス経営の本質であり、**パーパスは、お客様だけでなく、取引先企業やパートナー企業、社員に至るまで、あらゆる人と組織を惹きつけるための磁石**なのです。

さて、あなたの会社にはパーパスがありますか？
あなたの会社にパーパスは浸透していますか？
そのパーパスは自分ごとになっていますか？

3 「ダイバーシティ」を深掘る

「成長・発展」と「多様性」はコインの裏表

「ダイバーシティ」とは、直訳すると多様性のこと。多様性にも様々なレイヤーがあります。たとえば、「年齢」「性別」「身体的特徴」「国籍」「人種」、さらには、「ワークスタイル」「ライフスタイル」「趣味」「宗教」「障がいの有無」などに至るまでありますが、これらはほんの一部です。

なぜ企業において「ダイバーシティ」が注目を集めるようになったのかといえば、

顧客ニーズの多様化やグローバル化が主な背景だと思われます。企業が競争力を発揮して成長・発展していくためには、従来の同質的・均一的な組織から脱却する必要があるからです。加えてダイバーシティは国際的に市民権を得ている概念であるため、社会的要請に応える意味でも軽視できません。ところが、主に経済産業省が旗振り役になって、様々な施策を行っているにもかかわらず、日本は他の先進国に比べてダイバーシティが遅れていると言われています。このことについて少し掘り下げたいと思います。

では、いったん企業における多様性から離れて、社会の発展過程を考えてみることにしましょう。極端に話を単純化することをお許しください。

原始の時代、人間は自分で釣り竿を作り、自分が釣った魚を、自分で焼いて、食べていました。いまはスーパーに行けば、魚が売られています。生の魚も、焼いた魚も売っています。大昔と比べて、格段に便利になったのは、社会全体として機能の分化が進んだからです。

釣り道具を作る人。魚を釣る人。魚を運ぶ人。魚を売る人。魚を買う人。魚を料理する人。魚を食べる人。機能の分化が進行しているので当然ながら役割も多様化してきます。そのことによって私たちの社会は利便性を高めています。何が言いたいのかというと、社会が発展していくということは、機能の分化が進むことであり、それによって必然的に役割の多様性が生じるということです。もちろん、ここではあくまで「仕事内容」に関する多様性のみを示しているのは言うまでもありません。話を単純化して極論に振って考えることで事柄の本質を摑もうとする私の思考法は、時に危険ですが、時に有益です。

多様性を考えるうえでは、地球上の生命の歴史について考えることも参考になると思います。このように突如として話が飛躍するのも私の癖なのでお付き合いください。

生物学や生命科学に関して私は専門外なので正確なことは言えませんが、単細胞の誕生から数十億年を経て、現在では地球上に約500万～3000万種の多様な生き物が生息していると言われています（数にこれだけ開きがあるのは、まだよく分かっていないということでしょう）。そしてそれらが互いに影響し合いながら全体としての生態系を維持しています。様々な生き物が、単体としては自分の生きる場所を見つけて懸命に生存を図るわけですが、全体としては互いに違いを活かしながら調和しています。

「食物連鎖」は、その繋がりの分かりやすい例なのではないでしょうか。ただ、生物の各々の種は、環境に適応しながら必死で自らの生き残りを志向し、繁栄を目指します。そして、その結果として同じ種でも生息地域が違ったり、大きさや色や形態が違ったりと多様性を帯びることになる。その多様性があることによって、新たな環境変化が起こった時に効用（種の保存）が発揮されるのです。

おそらく個々の生命体にとっては、種全体としての多様性に関してなど意識していないでしょう。

これを会社の成長・発展に置き換えて考えてみます。

さて、会社に関しても第1章でお伝えしたように、擬人化してカイシャ君という生き物だと捉えてみるとどうでしょうか。カイシャ君も自らの事業（生存）領域を定め、顧客のニーズに応えることで事業を発展させようとします。創業当初は単一事業のことが多いと思いますが、次第に事業を成長させ、会社が大きくなれば複数の事業を手掛けることも珍しくありません。

カイシャ君は守銭奴なので、１つの事業を拡大することにも熱心なら、事業数を増やすことにも熱心です。つまりカイシャ君が、成長や発展する過程では、顧客や取引先、従業員や投資家、地域社会や自然環境などと繋がりを持ち調和しながら、自らも多様性を帯び、それを包括しながら前進していくという姿がイメージとして分かりやすいと思います。そういう意味では、**企業の成長・発展と多様性はコインの裏表の関係にある**と考えてもいいのではないでしょうか。

「多様性ありき」の発想は危険

生命の生存過程や多様性の獲得の歴史を視野に入れると、コインの表側はどちらかといえば「成長・発展＝生き残り」であり、コインの裏側が「多様性」と考えると分かりやすいと思います。このように個々の企業にとっても、「成長・発展」と「多様性」は、コインの裏表とはいえ、生き残りのための事業戦略の策定と実行が先で、多様性はその結果に生じると考えるほうが自然です。

「ダイバーシティ推進」が企業経営にとって非常に重要なテーマであることに間違いはありませんが、それが最大目的となり、肝心の事業の成長戦略と分離する形で推進させてしまっているのであれば危惧すべきことです。個々の生物も種の多様性を重んじて生きているというよりも、環境に適応して自らが生き残ることや子孫を繁栄させることを最優先にした結果、種としての多様性が実現されたと考えられます。

もちろん多くの会社は、事業発展のための事業戦略と多様性について「ｏｒ」ではく「ａｎｄ」の精神で取り組んでいるとは思いますが、極端な多様性第一主義に陥らないように注意を払うべきだと考えます。

企業が消費者のニーズに応えるためには、人口の半分を占める女性や今後増え続ける高齢者の活躍が不可欠です。また、グローバル市場に打って出るのであれば、人材のグローバル化（＝人材の多国籍化）が欠かせません。そうなると副次的に言語や宗教や風習、ワークスタイルやライフスタイルも多様性を帯びてくることになります。

企業の成長・発展とダイバーシティの関係は、「目的」と「手段」の関係ではなく、

「原因」と「結果」の関係と捉えたほうがすっきりするのではないでしょうか。

実際にアメリカでは最近になって「ＤＥＩ」（＝多様性・公平性・包括性）関連のプログラムを見直す動きが出てきています。マイクロソフトやメタ・プラットフォームズでは、ＤＥＩチームが解散、マクドナルドはサプライチェーンにおけるＤＥＩの宣言を取り下げました。

トランプ大統領就任の影響が大きいとは思いますが、これらは、多様性ありきという考え方を見直す動きだと言えるでしょう。日本企業にもどのような影響が出てくるのか、今後の動向に注目したいと思います。

コミュニケーションの視点で社会やビジネスを捉え直す

ここで、少しだけ寄り道をして私独自の視点を紹介したいと思います。それは「コミュニケーション」という視点で社会やビジネスを捉えることです。

この視点では、「ビジネスとは社会とのコミュニケーション活動」と捉えます。そして、メッセージを発信する主体がカイシャ君であり、メッセージを伝えるためのメディアが商品やサービスだと読み取るのです。売上とは、発信したメッセージに対する市場や顧客からの支持や共感の総量のことです。

実際に、売上が低迷してしまっている顧客企業や出資先の経営者から相談を受けた際には、このコミュニケーションの視点から質問を投げかけています。「この事業や商品を通じて、市場や顧客に伝えたいメッセージは何ですか？」というように。

ビジネスという現場の重力に引っ張られると、いつの間にか商品やサービスに込めたはずのメッセージを忘れ、単なる「モノ売り」として機能と価格の話に終始してしまうことが実に多いのです。

そして、そのメッセージに独自性や新奇性があるか、時代に合致しているかなどを再点検して、一緒に立て直し策を考えることを日常的に行っています。

実際に企業がコミュニケーションの一環として広報や宣伝に使っているキャッチコピーには、市場からの共感を呼ぶための努力が見て取れます。ここで企業のキャッチフレーズやスローガンのうち、私が好きなものをいくつか紹介します。

・「NO MUSIC, NO LIFE.」（タワーレコード）
↓そう、心の豊かさを保つには音楽が必要だなと共感！
・**「はたらいて、笑おう。」（パーソルグループ）**
↓いいこと言うね。働くことを楽しむってステキだなと共感！
・**「お、ねだん以上。」（ニトリ）**
↓お得感があって魅力的なので共感！
・**「まだ、ここにない、出会い。」（リクルート）**
↓就職や転職、結婚や不動産、これからの出会いが楽しみで共感！
・**「どうする？ＧＯする！」（ＧＯ）**
↓タクシーをすぐに呼べるって便利だから共感！
・「Eat Well, Live Well.」（**味の素**）
↓生きていくうえで上質な食事が大切なので共感！
・**「そうだ 京都、行こう。」（ＪＲ東海）**
↓行ったことはあるけど、また行ってみたいから共感！

これらは、事業を成長・発展させるために顧客の共感を呼ぶための洗練されたコピーだと思っています。また最近は、人材獲得を意識した企業コピーも注目を集めていることを付け加えておきます。

・**「地図に残る仕事。」（大成建設）**
↓自分の仕事が歴史に残るのは嬉しい、共感！
・**「でかける人を、ほほえむ人へ。」（西武グループ）**
↓人の笑顔を作る会社って働きがいがありそう、共感！
・**「感動のそばに、いつも。」（JTB）**
↓自分も旅行で感動したことがある、共感！

カイシャ君の基本的価値観は経済合理性であり、そこを基点に市場から共感を得ることで成長・発展する。それが第一義であり、その過程で生じた内部の多様性を活かし、個々の違いを認め合う。そのことによってさらなる共感量の増大を目指す。この

図表15 ビジネスとは社会とのコミュニケーション活動

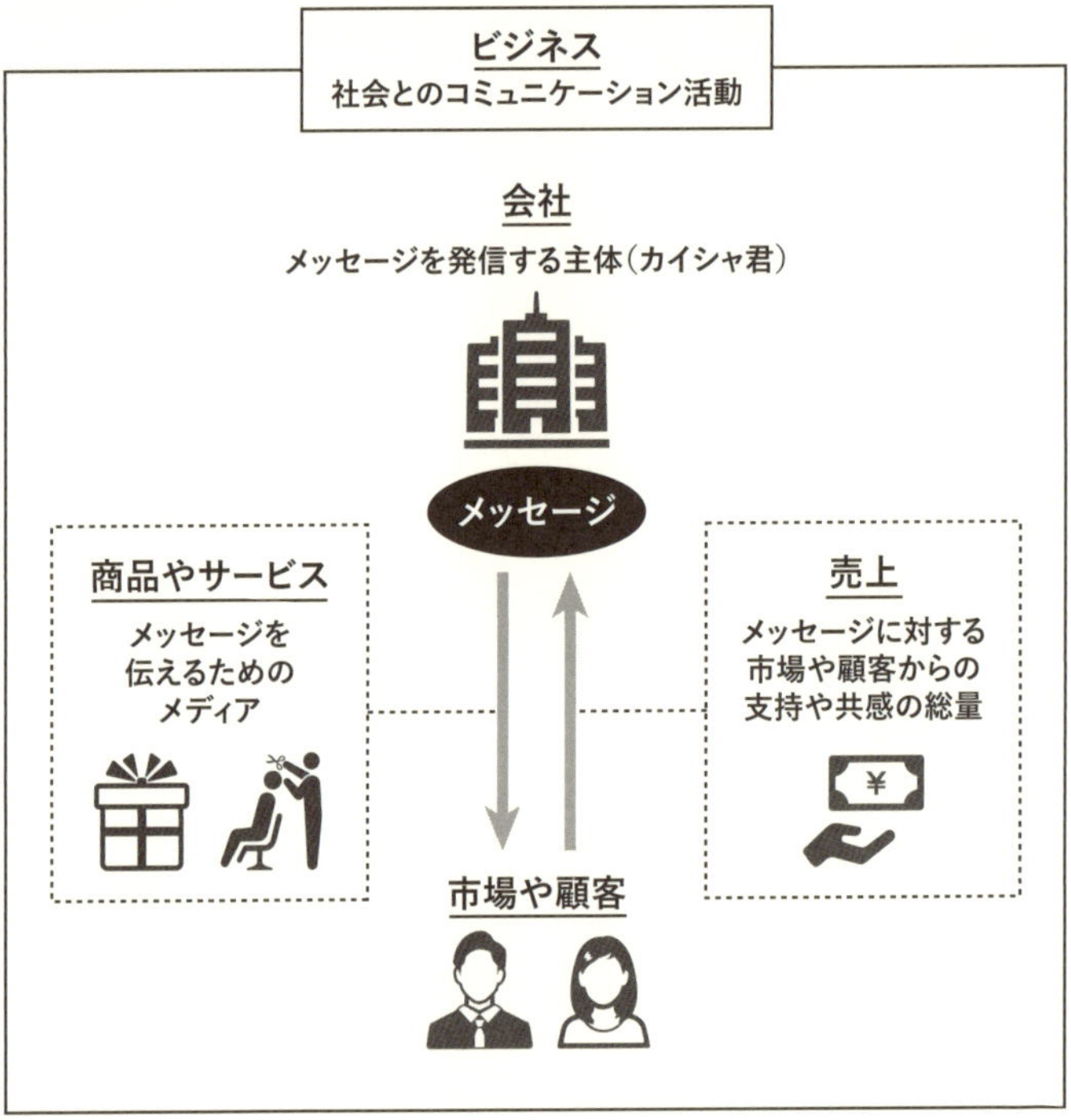

出所：筆者作成

繰り返しこそが、ダイバーシティの本質なのではないでしょうか。

（注：本項では、紙幅の関係で人権や差別に関する問題は割愛していることをご了承ください）

さて、あなたの会社では、商品市場や労働市場に明確なメッセージを発信していますか？

あなたの会社の商品やサービスに込められたメッセージを理解できていますか？

各市場からの支持や共感の総量は増えていますか？

その過程でダイバーシティが進んでいますか？

あなたの会社では、事業戦略とダイバーシティは接続されていますか？

多様性を束ねるのに効果的な「OBゾーン」

企業にとってコインの片面であるダイバーシティですが、それを有効に活かすにはコストが伴います。なぜなら、多様性を包括して1つのベクトルにエネルギーを統一する必要性が生じるからです。いわゆる「D&I」のI＝「インクルージョン」です。

私はむしろ、事業の成長・発展に伴って生じる多様性が、過度に広がることのほうに常に注意を払っています。なぜなら、包括できない程度にまで多様性が進みすぎると、複雑性が増大して組織としての機能を失う危険があるからです。

たとえば、事業を成長させるためには、お客様のニーズに応えなければなりません。ところが、お客様のニーズというのは無限にあります。一方、企業の内部資源（リソース）は有限です。ですから、お客様のすべてのニーズに応えようとすると資源が足りなくなり、利益の喪失と組織の疲弊、ついには企業の崩壊へと向かいます。

そうならないように、お客様の数あるニーズの中から、自社の強みが発揮でき、かつ最も売上を伸ばせる製品やサービスを見極め、そこに資源を集中投下することで利益を増やさなければなりません。いわゆる、「選択と集中」です。

しかし、事業の選択と集中を行っても、選択を行った事業を成長させようとすれば、その過程で組織の多様化が進むのが企業です。

個々の企業における多様性は、階層分化、機能分化などの「分化」によって生じることも、反対にM&A（合併・買収）などの「統合」時に生じることもあります。また、年齢、国籍、人種、障がいの有無、LGBTQ+、価値観、宗教観などでも多様性は広がります。

こうした多様性が進んでいくと、徐々に組織としての連携や一体感、団結力などが弱まります。基本的には、「One」を尊重する圧力がアップすると、「All」の成果はダウンする傾向にあるからです。

こうした多様性が強まっている企業において、経営者が行うべき施策は何でしょうか。

それが「インクルージョン」（＝包括化）です。

円の中心から外側に広がるのが多様性だとしたら、広がった円を中心に向けて束ねるのが包括化です。

多様性がそれほど進んでおらず、円が小さい時は、トップのカリスマ性やパーソナリティで組織のエネルギーを束ねることができます。しかし、組織が大きくなり、多様性が進むと、経営者個人の能力だけで包括することは難しくなります。

そんな時に組織を束ねるために必要となるのが、「包括の軸」です。

先ほど述べたパーパスや企業理念、ミッション・ビジョン・バリューなどは、企業を束ねるものであり、組織や人を惹きつける磁石であると同時に包括軸となります。これらは経営幹部層には包括軸として有効ですが、日常業務の重力に引っ張られて「行為レベル」の意識しか持てない一般の社員には遠く感じられ、包括軸としての効果は大きくありません。

そこで一般社員に対しては、「○○してはならない」といった禁止事項を示したほうが分かりやすく、束ねやすいというのが私の実感です。

当社リンクアンドモチベーションには、「ＬＭ十戒」と呼ばれる「べからず集」があるのですが、こうした「自分たちがやってはならないこと」を伝えることでも、組織を包括するうえで優れた効果を発揮します。

さらにはマネジャーに対しても「ＬＭ経営十戒」があり、ここでは、その一部を抜粋します。

・属人性に頼るビジネスをやってはならない

図表16 LM十戒

① 健康管理を怠ってはならない

② インプットを怠ってはならない

③ 見て見ぬふりをしてはならない

④ 苦言に耳をふさいではならない

⑤ 天狗になってはならない

⑥ 陰口を言ってはならない

⑦ 評論家的発言をしてはならない

⑧ 機密情報を漏らしてはならない

⑨ ノウハウを抱え込んではならない

⑩ 足で稼ぐことを厭ってはならない

出所：筆者作成

・特定の社員に頼るマネジメントをしてはならない
・特定の関係性や取引に依存するビジネスをやってはならない
・カネやポストに依存するマネジメントをしてはならない

ゴルフに例えるならば、パーパスのように目指すゴールを示すことに加えて、マイナスの側面からのアプローチであるＯＢゾーン（ＮＧ）を示すことも有効だと考えています。

「多様化」vs.「包括化」の反復運動

また話は飛躍しますが、少しお付き合いください。私は世界で最も強い包括力を発揮しているのは宗教ではないかと考えています。

宗教では、人類誕生以前や以後のことも語られます。時には数万年後のことも語られます。これは「時間軸」を究極まで引き延ばしていると理解できます。

また、「この世」だけでなくの「あの世」（＝天国や地獄や極楽浄土など）についても語られます。これは究極まで「空間軸」を広げていると理解できます。

つまり、宗教では「時間と空間」、言い換えれば「時空」（＝世界）を独自に構成することで、人種も国籍も住む場所もまったく違う何億人という人たちを束ね、多様性を包括することに成功しているのです。そして、それぞれの世界観の中では「戒め」についても規定されます。そのようなアプローチで多様な人々の心を救ってきた経緯が宗教の歴史だと思います。というわけで、**「宗教」は、「会社」と同じく人類が発明した一級作品だと私は捉えています。**

もちろん企業は宗教団体ではありませんから、死後の世界やあの世について語ることはありません。ただ、組織を束ねる包括軸の作り方などは、非常に参考になります。

多様化と包括化は相反する概念で、多様化がそれほど進んでいない時には、包括化をそれほど意識する必要はありません。

多様化が進み、中程度の多様化に至ったなら、中程度の包括化が必要となり、大きく多様化した時には、大きな包括軸が必要となります。

たとえば、私の実弟が経営するリフォーム会社は、創業時には大阪本社しかなかったところ、近年では各地方に支社をいくつも作って業容を拡大しています。当然、多様化は進みます。そこで、全社を包括するために「ミッション」の策定を当社に依頼してきました。また、各支社長を毎月本社に集めて方針の共有を行い、支社の社員たちを集めての研修やエンゲージメント調査を定期的に実施するようになりました。さらに、テレビＣＭへの投資も積極的に行うようにしました。多様化に対応するため包括化に努めるようになった実弟の変化には、大いに感心しています。

最近は特に、経営者から私への相談も「分化」に関することよりも「包括」に関することのほうが圧倒的に多くなってきた実感があります。

大切なのは、事業の成長・発展と共に多様性を帯びる組織を注意深く観察することです。そして、「共通の目的が失われていないか」「協働する意思（＝モチベーション）が弱まっていないか」「コミュニケーションの量や質が劣化していないか」といった組織成立の３つの要件に注意を払い、適切な包括策を実行することです。

多様化が進んだら、その多様性に対応できるだけの包括をする。「多様化」と「包括

化」の反復運動こそが、強い組織を維持するためには欠かせないことなのです。

4 「組織変革のメカニズム」を解き明かす

組織の変革は小さなアクションから始まる

本章の締めくくりとして、組織の変革がどのようにして実現されるのか、そのメカニズムについて解説していきます。

ある不動産営業会社の事例です。社長を含めて総勢20人。ある金曜日の夜、社長が私のところに相談に来ました。

相談内容は次の通りです。

「うちの会社にはまったく活気がない。出社時の『おはようございます』の挨拶もなければ、『いってらっしゃい』や『ただいま』の声掛けもない。営業数字を追いかけている会社なのに、こんな状態では業績も社員の士気も下がる一方で困っています」と。

以下が、私と社長のやり取りです。

私：「なるほど、それは困りましたね。社長はどんな会社にしたいですか？」

社長：「やはり元気な声でみなが挨拶を交わす活気のある会社に変えたいです」

私：「分かりました！　では、社員の方々にもお話を聞かせていただきます」

そして19人の社員と面談したところ、みなが口を揃えて「うちの会社は活気がなくて困っています」と返答。そこで、「あなたは、どんな会社にしたいですか？」と聞き返すと「もちろん、お互いが挨拶を交わす活気のある会社のほうがやる気が出るので、そう変わってほしいです」と答えてくれました。「ところで、あなた自身は大きな声で挨拶していますか？」と聞くと、「いやー、そんな雰囲気じゃないので、できていません」と言うのです。

つまり、社長を含む20人全員が、「会社を変えたい気持ちはあるものの、自分からは一歩踏み出せていない状況」が明らかになったのです。

再び、私と社長のやり取りです。

私：「社長、私を信じてアドバイスに従ってください。まずは、週明けの月曜日の朝、社長が出社した際に、社長自身が大きな声、そして満面の笑みで『おはよう！』とやってください」

社長：「普段とは違うそんなことをして、社員たちがドン引きしませんかね？」

と、少し躊躇している様子。

私：「大丈夫です。そして、月曜日だけでなく火曜日も水曜日も、とにかく金曜日まで諦めずに挨拶を続けてください。しかも大きな声で元気よく。そうすれば必ず会社に変化が生まれますから」

社長：「分かりました。やってみます……」

そして月曜日の朝、社長が勇気を出して大声で「おはよう！」と声をあげました。しかし、誰一人として挨拶を返しません。みな社長の突然の変化に戸惑っていたのです。

翌日の火曜日、再び社長が「おはよう！」と元気な声で挨拶をしたところ、19人のうち2人だけが小さな声で「おはようございます」と挨拶を返しました。この日は社長を含む3人だけが挨拶したことになります。

さて、水曜日です。社長の「おはよう！」に対して、新たに3人が挨拶を返しました。この日は合計で6人が挨拶の声を出したことになります。

次の木曜日、少し大きな変化が起こります。なんと新たに6人が「おはようございます」と挨拶するようになったのです。これで合計12人が挨拶、逆に挨拶をしない残りの8人が少数派になってしまいました。

そうです。金曜日は、全員が「おはようございます」の声を出し、ついに活気のなかった会社が大きく変化したのです。

「そんなにうまい話はない」と思われる方が多いと思いますが、これは「組織変革の分かりやすい事例」として受け取ってください。ここで肝心なのは、社長のほんの小さな一歩が、やがて大きな波となり、会社に活気が生まれたことなのです。そもそも全社員が「活気のある職場に変えたい」と心の中では思っていたのですから当然の結果です。ただ、最初のキッカケがなかっただけなのです。そのトリガーを引いたのが、最も大きな影響力を持つ社長だったということです。

図表17 組織変革のための小さなアクション

例:朝の挨拶をしない職場の改革

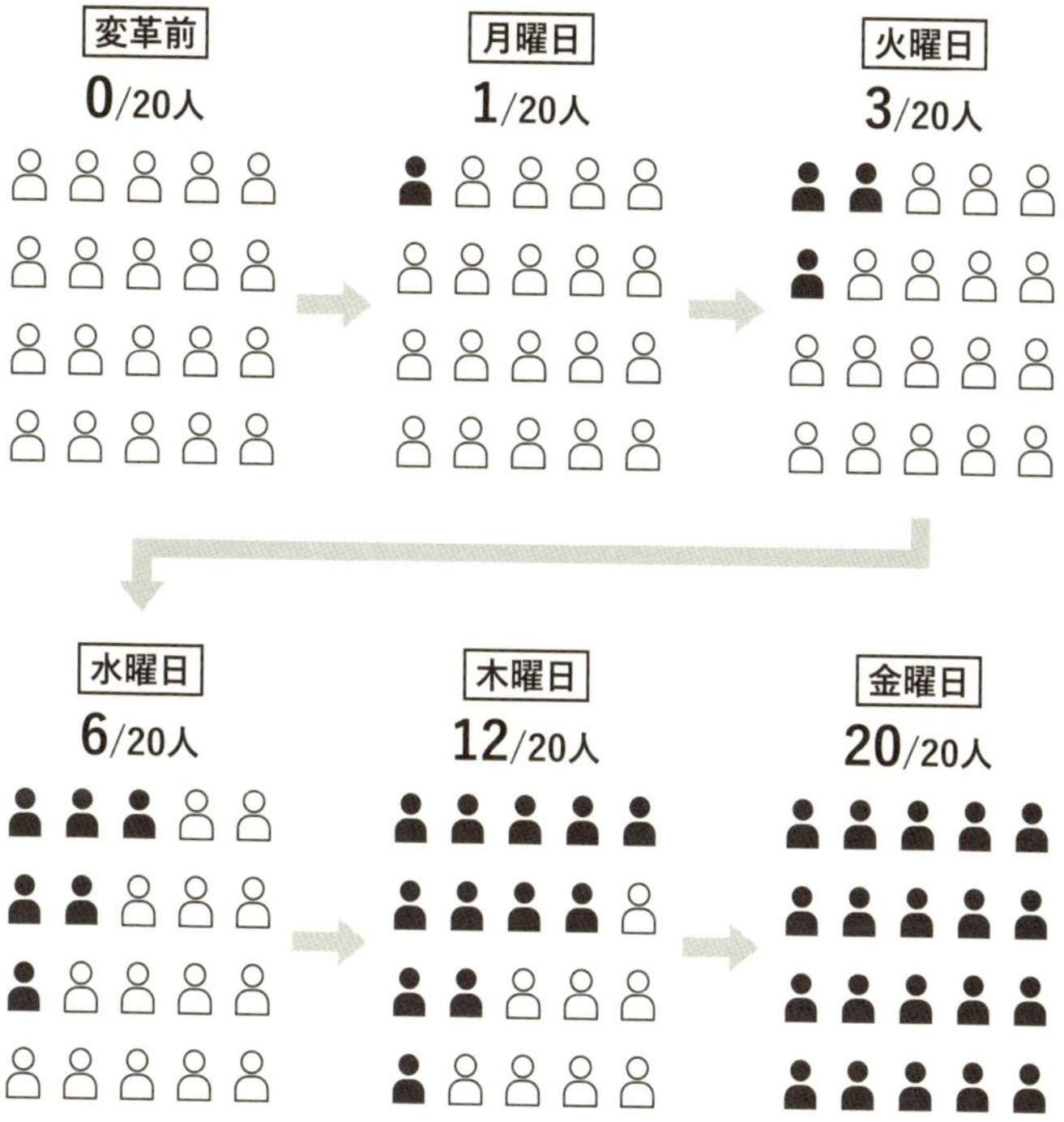

出所:筆者作成

よく「組織変革には経営トップの強い意志と行動力が必須条件」と言われますが、私の経験に照らしても、このことは間違いなく正しいと言い切れます。**組織変革には「トップの腹くくり」や「不退転の決意」が必須条件**なのです。

では、次に具体的な組織変革のメカニズムを解き明かします。

ほとんどの人が、組織変革に対して最初は「様子見」を決め込む

「会社を変えたい」や「組織が変わってほしい」と心の中では思いながらも、自分からは言い出せない、変われない、のが大半の人々です。ほとんどの人が、最初は自分以外の人の行動を窺い、自分自身は「様子見」を決め込むのです。ただ、ここで大事なポイントは、この「様子見」には、個人差があり、グラデーションがあるということです。そのグラデーションを単純化するために次の4つのグループに分類します。

Aグループ：トップが行動に移せば、自分もすぐに同調する層（マーケティングでは、

イノベーター）
Bグループ：少し兆しが見えれば、比較的早めに同調する層（同、アーリーアダプター）
Cグループ：ある程度、変化を感じた段階で自分もそれに同調する層（同、アーリーマジョリティ）
Dグループ：周囲の大多数が変化した段階で遅れて同調する層（同、レイトマジョリティ）

今回のケースでは、火曜日の段階でAグループの2人が挨拶を返しました。そして、水曜日にはBグループの3人が加わり社長を含めて合計6人が変化したのです。すると木曜日にはCグループの6人が追随して挨拶を返し合計12人。そして、ついに金曜日にはDグループの8人が同調して変革が実現したことになります。

つまり最初から「絶対に自分が最初の一歩を踏み出す」と決めている人もいなければ、「何があっても絶対に挨拶しない」と決めている人もいないのです。みなそれぞれ

A～Dのいずれかのグループに属する「様子見集団」なのです。

組織変革には「臨界点」が存在する

この会社では、木曜日に臨界点を超えて職場の変革が実現しました。逆にトップの旗振りの下で変革を試みても、月曜日や火曜日の段階で諦めてしまえば、変革は起こらなかったのです。社長が途中で挨拶をやめてしまうような「変革の失敗事例」や「変革の頓挫事例」が、世の中には溢れています。

「笛吹けど踊らず」とはよく使われる言葉ですが、一度笛を吹いただけでは組織は絶対に変わりません。**経営トップが意志を持って笛を吹き続け、何があってもブレずに、辛抱強く、孤高に耐えて、変革の臨界点を超えるまで継続する覚悟と行動が必須**なのです。

これこそが、組織の変革を実現する最良の方法だと断言します。

図表18 組織改革の臨界点とそのメカニズム

例：朝の挨拶をしない職場の改革

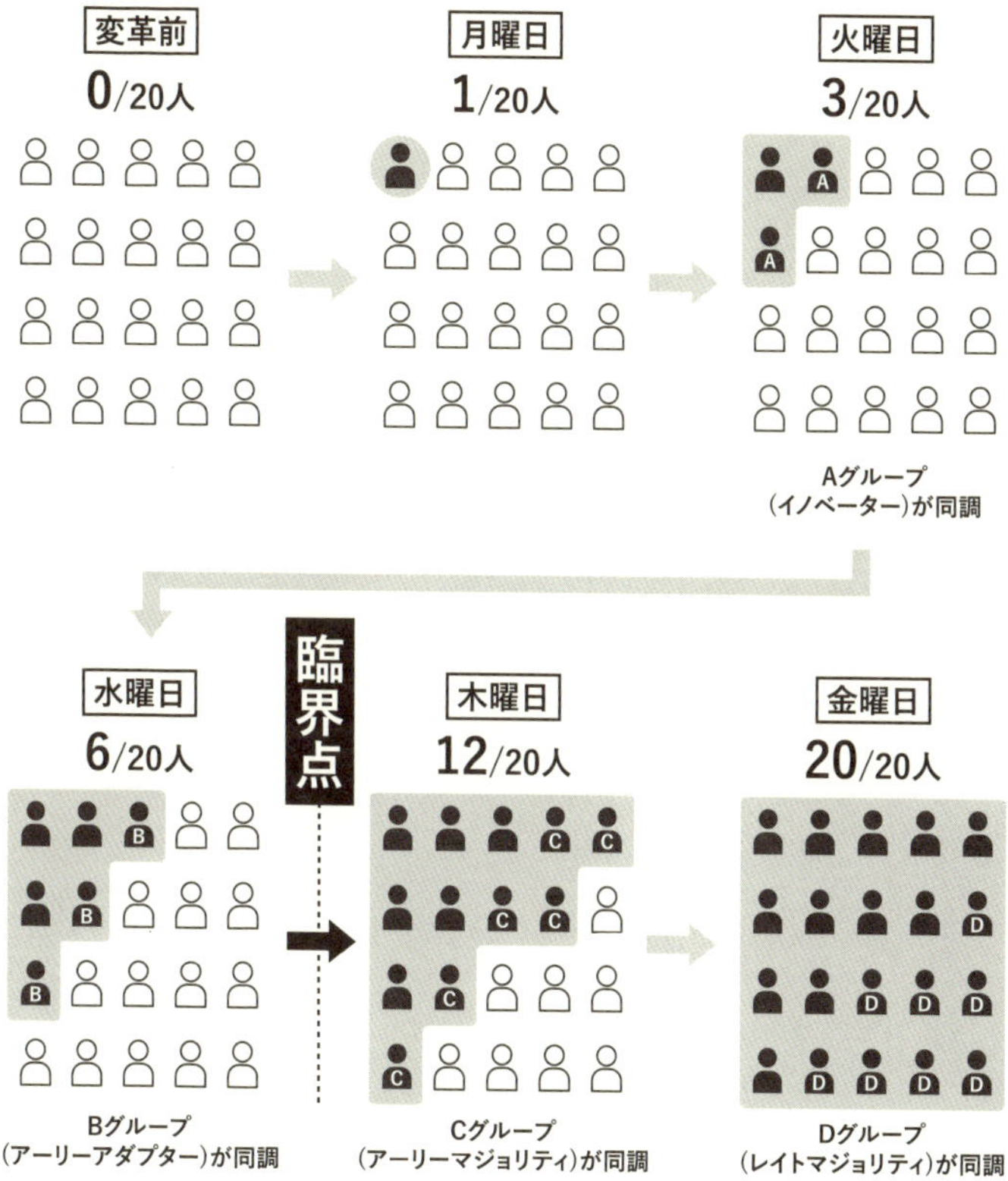

出所：筆者作成

さて、あなたの会社や職場では、変革の方向性が示されていますか？
あなたの会社や職場では、波が起こっていますか？
それとも、いつも中途半端で頓挫していませんか？
あなた自身は、A～Dのどのグループに属しますか？

組織変革のメカニズムと「臨界点」を理解して、その変革に主体的に参加することができたなら、このうえない達成感と効力感を得られること請け合いです。

第5章

環境変化適応の本質

本章では、「テクノロジーの進化と仕事」の未来、「労働市場適応」のサバイバル、「個人と組織の成長」という3つの本質を探ることで、環境変化適応の本質に迫りたいと思います。

1 「テクノロジーの進化と仕事」の未来を展望する

「仕事がなくなる」心配はない

近年、テクノロジーは凄まじい勢いで発達しています。なかでもＡＩ技術は、自動車の自動運転をはじめとした様々な分野での活用、応用が期待されています。

テクノロジーの進化によって、私たちの生活は非常に便利になりました。そして今後もそれが続いていくことは間違いありません。さらに加速することはあっても、テクノロジーの進化が停滞することはないでしょう。

テクノロジーの進化によって、私たちの生活は利便性がより一層高まることが期待される一方で、心配されていることがあります。

そう、テクノロジーの進化によって、私たちの仕事が奪われるのではないか。多くの仕事が、ＡＩとロボットに置き換わってしまうのではないか。そして、多くの仕事がなくなることで、失業者が大量に生まれるのではないか――。

こうしたことが危惧されています。

結論から言うと、そのような危惧は杞憂に終わるだろうと、私は予想しています。

たしかに、テクノロジーの進化によって、ＡＩやロボットに置き換わって、人間がやる必要がなくなる仕事はあるでしょう。何年か後に、なくなる職業がいくつもあることは間違いありません。

その一方で、新しく必要とされる仕事が必ず生まれてきます。現在では想像もつかないような職業が必ず生まれてきます。だから心配する必要はないのです。

過去を振り返っても、私が高校生の頃まで、駅などの改札には切符に専用のはさみで切り込みを入れる人がいました。それが、自動改札やＩＣカードの普及により、切符を切るという仕事はなくなりました。

逆に、子供たちのあこがれの職業となっているユーチューバーやドローンパイロット、プロゲーマーなど、ここ数年の間に新しく生まれてきた職業も多々あります。

多くの人から必要とされる仕事は、環境変化に伴って変わっていきます。ですから、環境の変化に適応することが大切であり、職業の名称にあこがれるのではなく、どういった人を助ける、どういった人を喜ばせる仕事がしたいのか、自分のどの特徴を活かしたいのかなどを考える。そうすれば、自ずとやりたい仕事が見つかるのではないでしょうか。

もちろん、どんな時代になっても変わらずに必要とされる仕事もあります。神社仏閣を建設する仕事、宮大工という職業は、千何百年も前からあり、今後もなくなることはないのかもしれません。

環境変化に左右されない、こうした仕事を目指すのも、アイカンパニーの経営戦略としては面白いと思います。

テクノロジーの進化によって、なくなる仕事もあれば、新しく生まれてくる仕事もあります。人によっては、職業能力を再開発する「リスキリング」が必要になるかもしれませんが、それも環境変化に適応するためのアイカンパニーへの投資行為です。

アイカンパニーを成長、発展させることに注力していれば、テクノロジーの進化を味方につけることができるでしょう。

また、人材不足の状況が今後も長く続くことを考慮すれば、人にしかできない仕事――保育や介護、大工などの建築系専門職など――は、そう簡単にはなくならないと思います。

生き残るテクノロジーと消えるテクノロジー

テクノロジーの発達によって、これまではできなかったことが、できるようになる。

そのような領域はどんどん広がっていきます。

ただ、それらがすべて生き残るかといえば、そんなことはありません。カイシャ君としての経済合理性に適さないテクノロジーも多々あるからです。

よく言われることですが、医者や弁護士など、高収入の職業の業務を代替するテクノロジー開発が進むのは、それがビジネスになりやすいからでしょう。エックス線やCT（コンピュータ断層撮影）、MRI（磁気共鳴画像装置）などの映像解析技術や手術技術などです。

逆に、他職種に比べて収入が低い保育や介護、交通誘導などに関するテクノロジーは、開発できたとしてもビジネスにはなりにくい、ハッキリ言えば儲からないため、技術開発があまり進まないと言われています。

ウーバーイーツのような、宅配してほしい顧客とお店や配送する人をマッチングさせる技術も、いまは一般に普及していますが、食材や輸送費や人件費の高騰を考えると、将来的にはかなり限られた富裕層向けのサービスになってしまうかもしれません。

テクノロジーはどんどん進化して、これまでできなかったことが可能になることも多いと思いますが、**経済合理性に適したテクノロジー（＝ビジネスになるテクノロジー）は生き残り、経済合理性に適さないテクノロジー（＝ビジネスにならないテクノロジー）は消えていく**。これが1つ目の分岐点です。

次に、**経済合理性に適したテクノロジーであっても、社会倫理に反するものは、当然ながら淘汰されていきます**。たとえば、麻薬取引のマッチングアプリなどは存在しません。社会倫理に適合するか反するかが、２つ目の分岐点です。

そして、３つ目の分岐点が重要です。それは、働く個人から選ばれるビジネスに関するテクノロジーかどうか。労働力人口が急激に減少することが見込まれる中、人が集まらないビジネスは、ビジネスそのものが淘汰されていきます。人手不足倒産などがその象徴的な例です。１９８７年から１９９０年のバブル時代にも人手不足倒産が相次ぎましたが、あくまで「バブル景気下」での人手不足でした。ところが現在問題となっているのは「労働力人口減少下」での人手不足です。これはかつてと比べものにならないほど深刻な問題です。

つまり、テクノロジーがどんどん開発され、進化が進んでも、**正規のビジネスに活**

図表19 今後生き残るテクノロジー

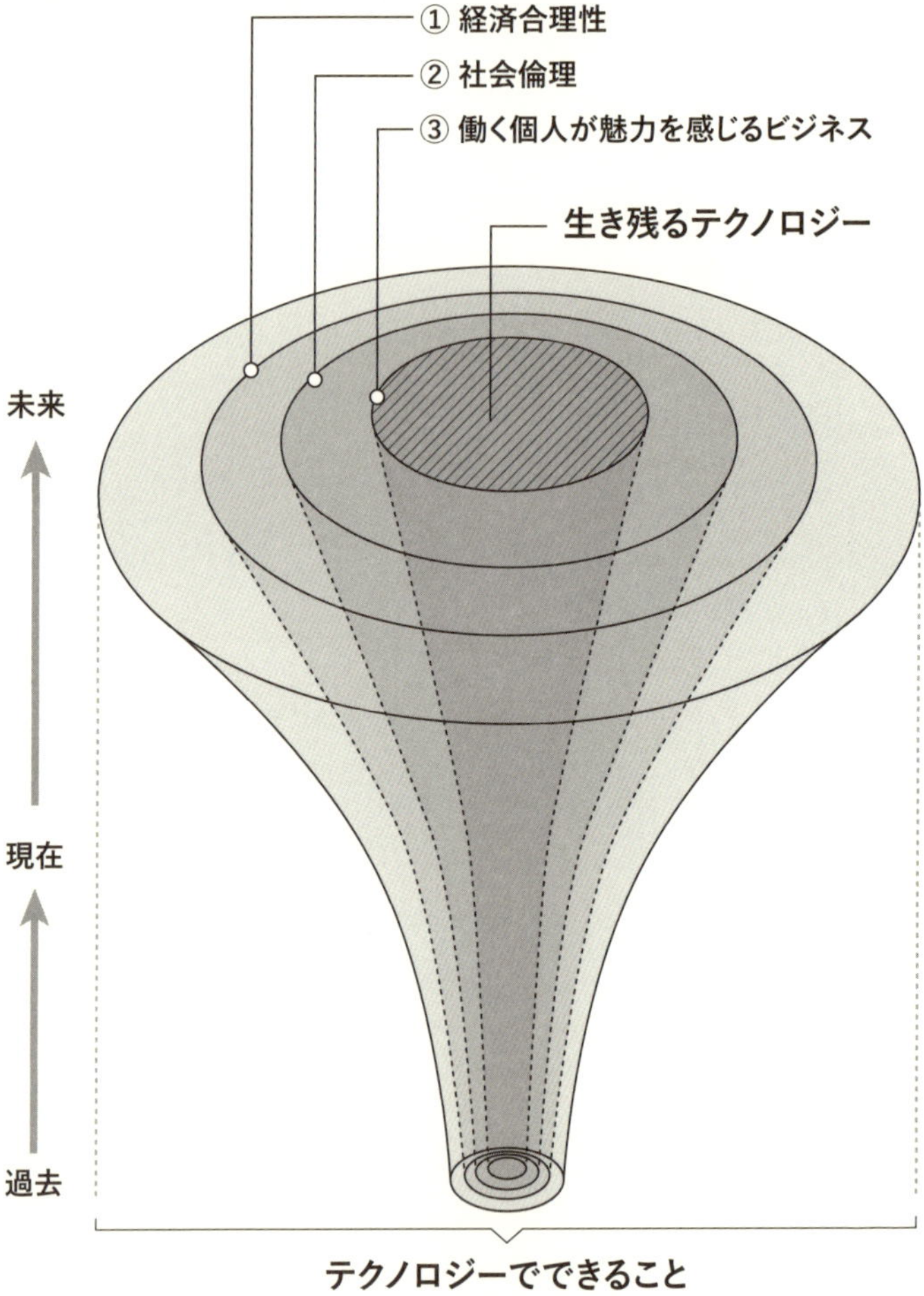

出所：筆者作成

用されるテクノロジーは、最終的には、働く個人が集まる、働く個人が魅力を感じるビジネスに関するものだけが生き残るということです。

働く個人にとって魅力的な仕事に関するテクノロジーの開発が進み、働く個人にとって魅力的な仕事を生み出す企業が市場で勝利する。テクノロジーの進化は、働く個人にとって魅力的な仕事を増やすことに繋がる。私はそのような明るい未来を展望しています。

2 「労働市場適応」のサバイバル

働く個人から選ばれない会社は消滅する

企業は、3つの市場で競争していると言われています。3つの市場とは、「商品市場」「資本市場」「労働市場」です。

図表20 有効求人倍率と人手不足倒産件数の推移

有効求人倍率

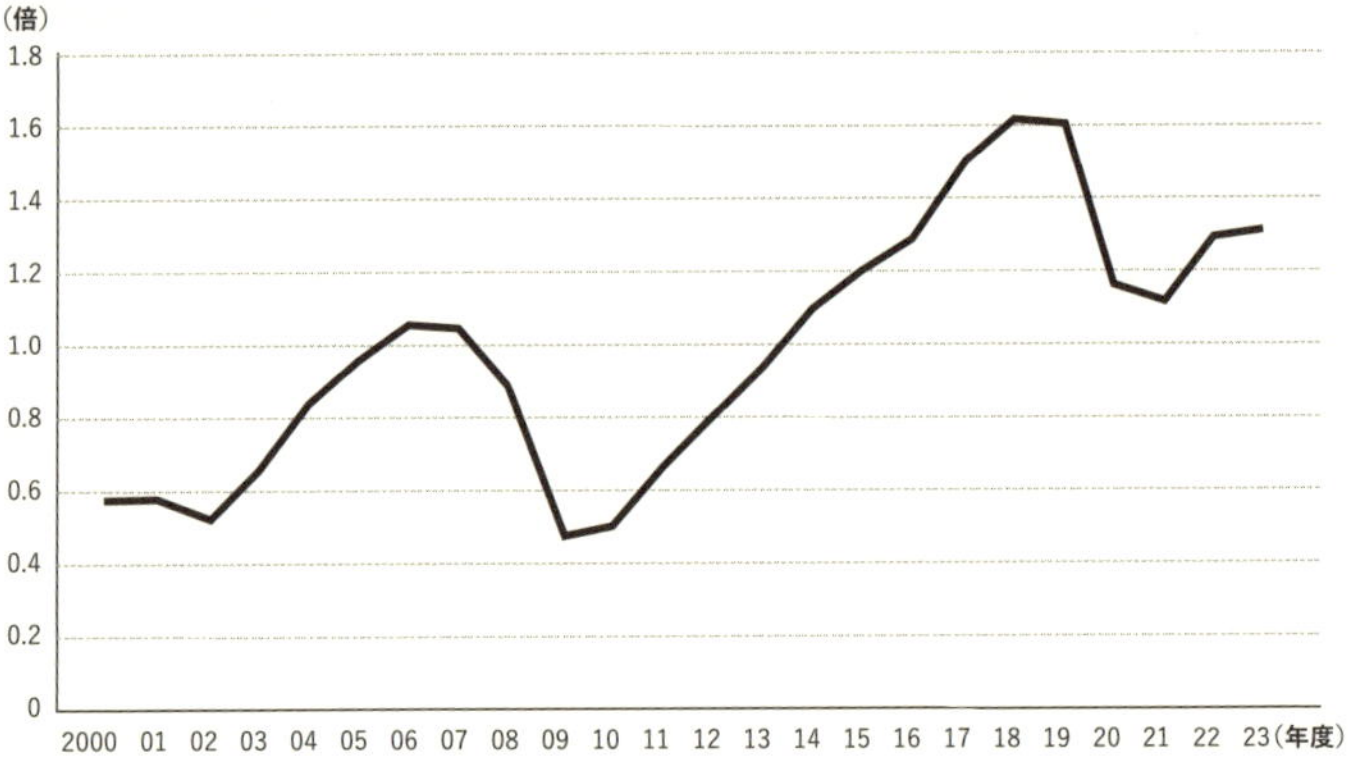

出所：総務省統計局「労働力調査」、厚生労働省「職業安定業務統計」

人手不足倒産件数

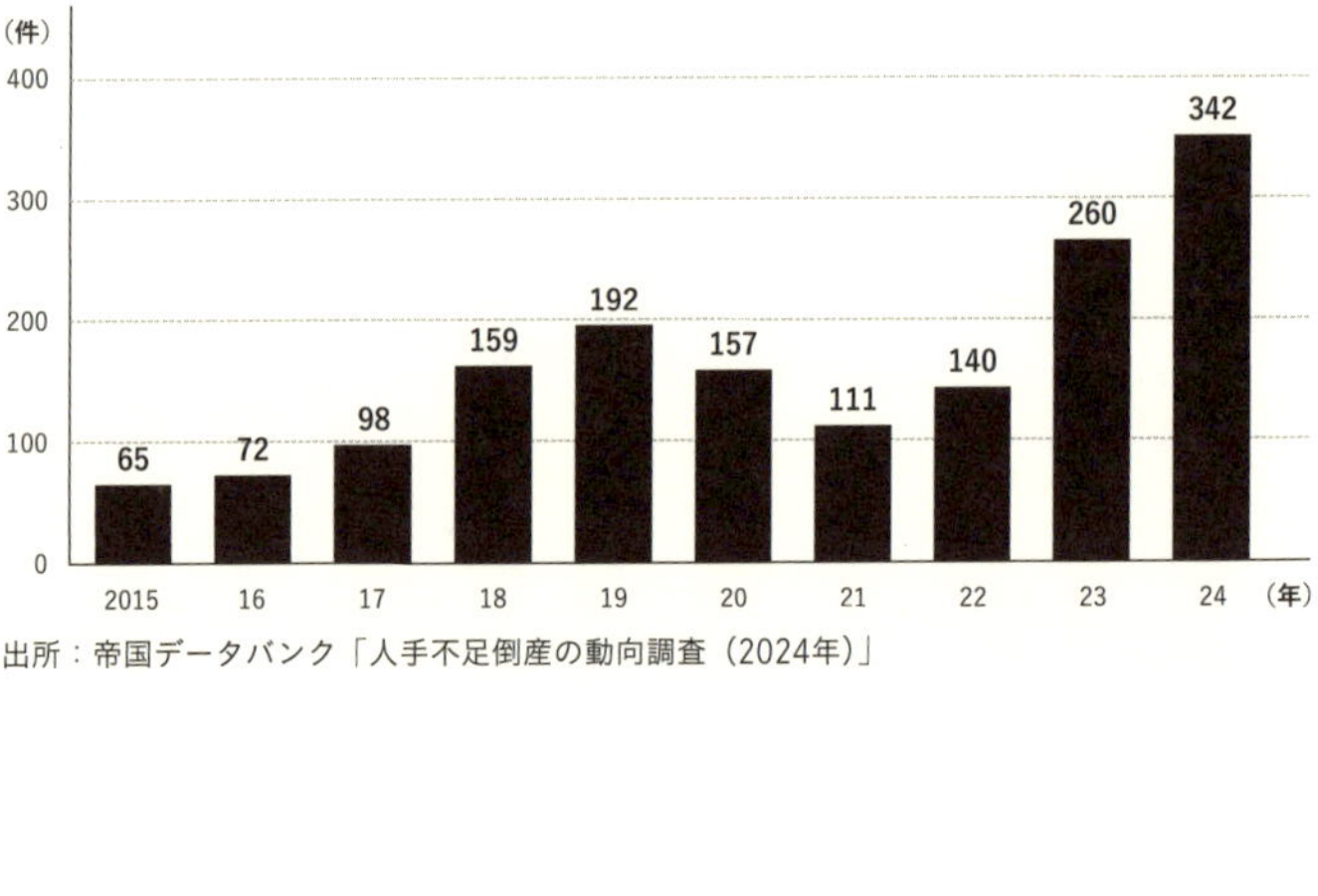

出所：帝国データバンク「人手不足倒産の動向調査（2024年）」

これら3つの市場のうち、昨今、急激に競争が激化しているのが労働市場です。商品市場の競争が最も激しかった時代には「お客様は神様です」などと言われていました。

しかし、現在は「カスハラ（カスタマーハラスメント）」という言葉が生まれ、カスハラから社員を守る企業が増えています。なぜなら、理不尽なお客よりも社員のほうがはるかに大切な経営資源・無形資産になっているからです。

これは、商品市場よりも労働市場の競争のほうが激化していることの1つの証しではないでしょうか。

働き手が溢れていた時代、働く個人は、「人手」と呼ばれました。それから「人材」と呼ばれるようになり、いまは「人財」と呼ぶ企業が増えています。

労働市場での競争が激化する中では、働く個人から選ばれない企業は生き残れません。そのことを深く理解している企業ほど、働く個人、「One」に寄り添うために、ルールや制度の変更を行っています。

労働市場に適応するということは、端的に言えば、働く個人（=時間と能力の投資家）から選ばれることであり、そのためには、「働く個人が魅力を感じて共感するパーパスを掲げる」「多種多様な働き方のメニューを用意する」「働く個人がやりがいを感じるように業務を設計する」など、これまでにない施策が求められています。

まさに**企業経営の至上命題が、「労働市場への適応」となっている**のです。

優秀な人材を採用できる会社に仕事が回ってくる

商品市場における競争のモノサシは、売上や利益をはじめとした財務諸表です。これらを見れば、その企業の商品やサービスが市場競争でどれくらい勝っているのか、どれくらい負けているのかが分かります。

資本市場における競争のモノサシは、上場企業であれば株価でしょう。企業が発行する債券の価格や金利もモノサシとなります。

では、労働市場における競争のモノサシは何でしょうか。大学生の「就職したい人気企業ランキング」や実際の新卒応募者数なども1つのモノサシとなるでしょう。

企業の実態は、過去に勤務していた人たち、あるいは現在勤務している人たちによる情報発信を集めた「OpenWork」のようなクチコミサイトによって明らかになってきました。こうしたサイトの指標やコメントもモノサシの1つになり得ます。もはや企業内部の実態はガラス張りにしたように外部にさらされる時代に変わっているのです。

今後は、「待遇を重視する人の人気企業ランキング」「安定感を重視する人の人気企業ランキング」「成長できることを重視する人の人気企業ランキング」「貢献欲求を満たすことのできる人気企業ランキング」「パーパスや経営理念に共感できる人気企業ランキング」などといったように、選社軸や志向ごとの人気企業ランキングが、必要になってくると私は予想しています。

前述したように、企業も働く個人を選んで採用していますが、働く個人も企業の様々な情報を見て、選んで就職や転職をしています。企業と働く個人は、相互選択の関係なのです。

このように様々なモノサシがある中で、労働市場における最も有効な競争のモノサシは、エンゲージメントスコアだと私は考えています。

スコアが低ければ、社員の労働生産性が上がらず、辞めていく社員も増える傾向にあります。すると、さらにスコアが下がります。新卒や中途で新たに人を採用しようにも、スコアが低い企業に有能な人材は集まってきません。

まずやるべきは、現在いる社員のエンゲージメントを高めること。もちろん、価値を生み出す優秀な社員が対象です。彼らを「リテンションする」（＝繋ぎ留める）努力なしには、人材流出を止めることはできず、企業価値の向上も実現できないのです。

エンゲージメントスコアは、業績と連動することが分かっています。エンゲージメントスコアが高い企業は、社員の労働生産性も高く、結果的に業績も向上する。「エンゲージメントファクター（魅力因子）」を磨くことは、労働市場の競争力を上げるだけでなく、商品市場、資本市場での競争力向上にも繋がるのです。

これまでの時代は、「仕事があるから人を採用する」「仕事が増えそうだから採用人数を増やす」というのが常識的な考え方でしたが、私は発想を逆転させるべき時代に突入したのではないかとみています。

つまり、先に採用ありきで、「**優秀な人材を採用できる会社に仕事が回ってくる**」という発想です。自社にとっての優秀な人材の獲得に成功した会社、また、人材に働きがいを感じてもらうことに成功した会社が繁栄する。メジャーリーグで活躍中の大谷翔平選手に想いを馳せれば、この発想が受け入れられやすくなるのではないでしょうか。

言い換えれば、**労働市場への適応に成功した会社が商品市場でも勝ち組になっていく**ということです。

3 「均衡状態に安住する」+「手段の目的化」という病

成長のカギは健全な不均衡

何度も言うように、現在はＶＵＣＡの時代であり、環境変化が非常に激しく先行き不透明な時代です。だからこそ、環境変化への適応力が高い個人、組織になることが時代を生き抜く最重要課題となります。

私は、それを実現するためにも健全な不均衡を創出し続けることが求められると考えています。

逆に、「均衡」は安定という名の停滞と衰退のはじまりです。

環境変化が激しいからこそ安定したい、安定した均衡状態を保ちたい気持ちも理解できますが、実際には、止まっている均衡状態を長く保てば保つほど、加速する環境変化に置き去りにされてしまいます。

小さな均衡状態に安住しているとやがて大きなリスクに直面することになるのです。第3章で述べた「ワークライフバランスの落とし穴」と同様のことです。

もちろん、不均衡は不安定です。けれど、止まってはいません。一方に偏っていても、次には逆方向に動くことができます。

振り子のように、右に振れたら、次は左に振れます。その次は右、その次は左と、永遠に動き続けることができます。

こうした動きを継続することが、個人の成長、組織の成長に繋がります。

もちろん、動きの途中で均衡することもあります。しかし、そこで止まらずに、動き続けていれば、さらに成長できます。

動きの止まった均衡状態の時、やるべきことは1つ。どちらでもいいので、不均衡な状態を作ること。経営者も、マネジャーも、チームリーダーも、自分がマネジメントする組織が均衡状態に陥っていると思ったら、どちら側でもいいので、まずは振り子を振ることを心掛けましょう。

自ら健全な不均衡を作ることができる人と組織だけが成長できるのです。

不均衡な状態の時は、逆側を向き、逆の方向に動かすことを考えます。「Ｏｎｅ」と「Ａｌｌ」で言えば、「Ｏｎｅ」に振れている時は、「for All」となる施策を考え実行し、「Ａｌｌ」に偏っている時は、「for One」となる施策を考え実行するのです。

「手段の目的化」という本末転倒

環境変化が激しい時代ですから、企業には様々な社会的要請が突き付けられます。組織変革も常に求められ、そのための手法なども次々と話題になります。

こうした社会的要請や組織変革手法には、表の理由と共に、裏の理由や真の理由があることも多いものです。ですから、表の理由を理解するにとどまらず、裏の理由や真の理由がないかを考えることが大切になります。言い換えれば「表層」にとらわれるのではなく、「深層」に切り込んで普遍的で本質的な手法を取り入れなければなりません。

また、何事にもメリットがあれば、デメリットもあります。メリットだけに目を奪われることなく、冷静にデメリットを探す用心深さも必要になるでしょう。メリットを最大限に活かしつつ、デメリットを最小限にとどめるにはどうすればいいのか。それを考えます。

そして、社会的要請や話題の組織変革手法を理解しつつも、手段が目的化しないように細心の注意を払わなければなりません。

多くの企業で混乱を招いているのは、この手段の目的化です。**目的のために取り入れた手段なのに、手段が数値目標になりその達成にとらわれ、いつしか手段が目的にすり替わってしまう。**女性管理職比率（＝数合わせのためにむやみに女性管理職登用を急ぐこと）や、ダイバーシティ（＝事業と接続しないまま多様性を推進すること）などは、本末転倒な過ちです。

その結果、第1章で触れた組織が永遠に追求すべき「One for All, All for One」の実現が阻害されている企業が多いように私の目には映ります。

世の中のバスワードに踊らされることなく、しっかりと本来の目的を捉え、その目的に向かって振り子を振りながら、均衡と不均衡を繰り返し、それを人と組織の成長に繋げていく。それが、環境変化への適応力が高い人と組織になる道だと思います。

「〇〇の本質は何か」と考えることはその気になれば誰にでもできることです。

そして考え抜いた結果、**しっかりと事の本質を見抜くことができれば、環境変化や流行に左右されることなく、時代を超えて人も組織も輝く存在になれる**はずです。

物事の本質にたどり着けるまで、時にもがきながら、時に楽しみながら、考え続けるスタンスを持ち続けたいものです。

おわりに

最後までお読みいただきありがとうございます。

本書では、流行に惑わされない「本質」について、「会社・組織・マネジメント」「企業に突き付けられるいろいろな社会的要請」「個人の働き方」「組織変革」「環境変化適応」などをテーマに掘り下げて考察してきました。いつの時代も事の本質を見抜いていれば時代の風潮に流されることはありません。

本書では取り上げなかった「各種ハラスメント用語の過剰生産」（＝パワハラ、セクハラ、モラハラ、マタハラ、アルハラ、ジェンハラ、カスハラ）などに関しても、「○○という発言はアウト」とか「○○さんが不快に感じたからアウト」といった表面的な基準で抑制するのではなく、本質を掘り下げて組織内に共有、浸透させることのほうが重要だと思っています。おそらくは「信頼関係の構築努力」がカギになると思いますが、この各種ハラスメントについてはまた別の機会に。

本書で取り上げた各種の「本質」の考察にあたっては、いくつかの思考フレームを用いています。それは、「会社の擬人化」「One for All, All for One」「感情人としての人間」「システムとしての組織」「3段階の抽象のはしご（＝3つのレイヤー）」「静的な捉え方から動的な捉え方への変換」「アイカンパニー」「極論思考と単純化思考」「変革の臨界点とそのメカニズム」「均衡から不均衡へ」「目的と手段の逆転化」など。

これらは「思考の技術」として問題に直面した際に効果を発揮するフレームです。ぜひ、日常でも意識的に思考の道具を活用いただければと思っています。

本書の文中には、私なりの行き過ぎた表現や極端な例えも多かったと自覚していますが、様々な意見や考えを持つこともまた「多様性」の一側面であると考えています。読者の皆さんが、社会の風潮に流されるのではなく、自分自身の考えを深めるきっかけとなれば幸いです。

本書の執筆にあたっては、日経ＢＰの石橋廣紀さんをはじめ、執筆に向けた各種データやイラストの作成などで協力してくれた当社のプロジェクトチーム（坂口昌規氏、杉浦心氏、岩崎健太氏、小笠原有希氏）に深く感謝します。

なかでも当社のトップコンサルタントである坂口氏には、本書の企画構成から、実際の顧客企業のリアルな声など貴重な情報を提供してもらいました。その意味では、坂口氏が実質的に本書の全体プロデューサー役を担ってくれました。坂口氏がいなければ本書が世に出ることはなかったことを公言したいと思います。巻末に私と共に坂口氏のプロフィールを記載しますので、何か相談事ができた時には、坂口氏にアプローチしていただければお役に立てると思います。

日本のＧＤＰが世界で順位を落としているなどの悲観的な情報が溢れている昨今ですが、決して自信を喪失する必要はありません。日本人の勤勉さ、日本語の豊かさをもってすれば、必ず世界で再び輝く国になっていくと信じています。

「不易流行」、変えてはならない本質と変えるべき表層的事柄。この線引きを常に考え続ける習慣を身につけたいものです。
私自身の世の中の風潮に対する危機感が、読者の皆さんに少しでも届くことを願って本書を締めくくりたいと思います。

2025年3月

株式会社リンクアンドモチベーション代表取締役会長　小笹 芳央

【筆者紹介】

小笹 芳央《おざさ よしひさ》

株式会社リンクアンドモチベーション 代表取締役会長
経営コンサルタント

1961年、大阪府出身。早稲田大学政治経済学部卒業後、リクルート入社。人材開発部、ワークス研究所主幹研究員、組織人事コンサルティング室長を経て、2000年に独立。同年、世界初のモチベーションにフォーカスしたコンサルティング会社、リンクアンドモチベーションを設立し、代表取締役に就任。行動経済学、社会システム論、心理学などを基盤にモチベーションエンジニアリングという独自の基幹技術を確立。大手企業から中堅中小企業まで幅広く組織改革の支援を行っている。2013年より現職。リンクアンドモチベーションは2008年に現東証プライム市場に上場。CVCとしても出資先企業多数、約半数がIPOまたはバイアウトなど驚異的な確率を実現中。著書に『会社の品格』(幻冬舎新書)、『モチベーションマネジメント』(PHP研究所)など計27冊。累計発行部数は約100万部。

【企画プロデュース】

坂口 昌規《さかぐち まさのり》

株式会社リンクアンドモチベーション 総合コンサルティング事業責任者
経営コンサルタント

1982年、静岡県出身。東京工業大学大学院理工学研究科修了後、2007年にリンクアンドモチベーション入社。管理部門にて、経営企画・経理/財務・M&A・管理会計・ITシステムなど幅広い業務を経験。2011年より、大手企業向けの組織変革コンサルティングに従事。組織人事戦略策定・理念策定/浸透・人事制度構築・育成体系構築・組織風土改革・採用戦略設計などのテーマについて、累計200社超のプロジェクトを主導する。その後、大手企業向け事業部門の企画室にて、自社のサービス開発・事業間シナジー創出・事業再生支援を推進。2022年、多岐に渡る組織人事テーマを複合的に取り扱い、人的資本経営の実践/開示をトータルで支援する総合コンサルティング事業を立ち上げ、自身もトップコンサルタントとして、企業の持続的成長を支援している。ISO30414リードコンサルタント/アセッサー認定取得。

組織と働き方の本質
迫る社会的要請に振り回されない視座

2025年4月9日　1版1刷
2025年7月10日　6刷

著　者　小笹 芳央

発行者　中川 ヒロミ
発　行　株式会社日経BP
日本経済新聞出版
発　売　株式会社日経BPマーケティング
〒105-8308　東京都港区虎ノ門4-3-12
装幀・本文デザイン・DTP　中川 英祐（Tripleline）
印刷・製本　錦明印刷株式会社
ISBN 978-4-296-12295-0